초판 1쇄 발행 | 2021년 5월 17일

글 장현주 | **그림** 원정민 | **펴낸이** 최현희
기획 이선일 | **편집** 조설휘 | **디자인** 김민정

펴낸곳 도서출판 푸른날개
출판등록 제 131-91-44275
주소 인천시 연수구 샘말로 62번길 9
전화 032)811-5103 | **팩스** 032)232-0557
E-mail bluewing5103@naver.com

글 ⓒ 장현주 2021
이 책의 저작권은 저자와 출판사에 있습니다.
서면에 의한 저자와 출판사의 허락 없이 내용의 일부를 인용하거나 발췌하는 것을 금합니다.

ISBN 978-89-6559-260-0 (74030)
      978-89-6559-257-0 (SET)
값 12,000원

* 잘못된 책은 구입하신 곳에서 바꿔드립니다.

차례

1. 태어난 지 이틀 만에 벌써 두 살이라고? · 12
2. 나라마다 귀신도 다르다고? · 16
3. 내가 싼 똥과 오줌은 어디로 가는 걸까? · 20
4. 크리스마스와 산타 할아버지는 관계가 없다고? · 23
5. 생명을 지켜 주는 수영이 있다고? · 26
6. '애완 동물'이 아니라 '반려 동물'이라고? · 30
7. 프로게이머도 올림픽 선수가 될 수 있다고? · 33
8. 언택트? 온택트? 뭐가 맞는 말일까? · 37
9. 곤충이 미래의 식량이라고? · 40
10. 채식도 종류가 다르다고? · 43

11. 검은 막대 속에 정보가 있다고? · 48
12. 음식이 어떻게 데워지는 걸까? · 52
13. 두 개의 심장을 가진 자동차라고? · 55

14. 유전자를 자르고, 붙이고? · 60

15. 100년 후에 다시 깨어난다고? · 63

16. 엘리베이터를 타고 우주여행을 간다고? · 67

17. 독감은 독한 감기가 아니라고? · 71

18. 게임으로 병을 치료한다고? · 75

19. 박쥐야, 너는 새니? 쥐니? · 79

20. 지구가 살아 있다고? · 84

21. 바닷물은 왜 짤까? · 88

22. 지구에서는 달의 뒷모습을 볼 수 없다고? · 91

23. 태풍도 이름이 있다고? · 95

24. 북극에는 펭귄이 살지 않는다고? · 99

25. 임진왜란은 임진년에 일어난 전쟁이라고? · 104
26. 입춘? 하지? 동지? 이런 게 다 뭐지? · 108
27. '한국을 빛낸 100명의 위인들'에
    가짜 위인이 있다고? · 112
28. 오천 원과 오만 원은 가족이라고? · 115
29. 왜 왕의 이름은 '~조'나 '~종'으로 끝날까? · 119
30. 우리 문화재가 왜 다른 나라에 있는 걸까? · 123
31. '3·8선'과 '휴전선'은 다르다고? · 127
32. 통일은 꼭 해야 할까? · 131

33. 누군가가 내 발자국을 들여다본다고? · 135
34. 적을수록 좋은 발자국은? · 139
35. 도덕과 법은 어떻게 다를까? · 142
36. 법 중에서도 가장 중요한 법이라고? · 146
37. 국민 모두 행복하게 살 수 있을까? · 150

38. 주식회사는 주식을 파는 회사일까? ·154
39. 로또는 나쁜 걸까? ·157
40. 바른 언론이 믿을 수 있는 여론을 만든다고? ·161
41. 국민이 물으면 정부가 답을 해 준다고? ·165
42. 흉악범의 생명도 소중한 걸까? ·169
43. 죽음도 선택할 수 있게 해 달라고? ·173
44. 지구가 한마을이라고? ·177

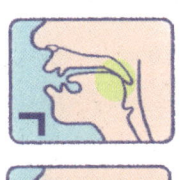
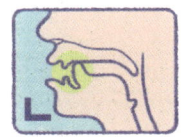

45. 한글 중에 네 글자가 사라졌다고? ·180
46. '빵'이 외국에서 온 말이라고? ·185
47. 배를 타고 배를 먹었더니 갑자기 배가 아프다고? ·189
48. 아버지가방에들어가신다고? ·193
49. 냉면? 랭면? 리민호? 이민호? ·197
50. 손가락으로 글자를 읽는다고? ·200

한국식 나이, 만 나이

1. 태어난 지 이틀 만에 벌써 두 살이라고?

여러분은 지금 몇 살인가요?
혹시 나이가 여러 개는 아닌가요?

우리나라 사람은 태어날 때부터 한 살이라는 나이를 갖게 돼요. 그리고 해가 바뀌는 1월 1일부터 한 살씩 나이를 더 먹지요. 예를 들어 12월 31일에 태어난 아기는 하루가 지난 1월 1일이 되면 태어난 지 이틀밖에 되지 않았지만 벌써 두 살이 된 거예요.

이런 나이 계산은 세계에서 유일하게 우리나라만 쓰는 방식이라고 해요. 그래서 '한국식 나이'라고 부르지요. 다른 나라는 모두 '만 나이'를 사용해요. '만'이란 '가득 차다'라는 뜻으로 만 나이는 태어난 후 생일이 돌아올 때마다 한 살씩 나이를 먹어요.

아하, 그렇구나!

한국식 나이와 만 나이가 두 살이나 차이가 생기는 경우도 있어요. 예를 들어 2012년 12월에 태어난 수인이에게 2022년 1월에 나이를 물어보면 한국식 나이로는 열한 살이라고 대답할 거예요. 하지만 아직 생일이 되지 않았기 때문에 수인이의 만 나이는 아홉 살이지요.

한국식 나이, 만 나이 외에 우리나라는 한 가지 나이 계산법이 더 있어요. 바로 '연 나이'에요. 연 나이는 현재 연도에서 태어난 연도를 뺀 나이를 말해요. 2022년, 수인이는 연 나이로 열 살이지요. 연 나이는 병역법이나 청소년보호법 등에 이용되고 있어요.

병역법에는 연 나이로 우리나라 남성이 19세가 되는 해에 징병검사(군대에서 복무할 자격이 되는지 신체나 신상 따위를 검사하는 일)를 받도록 하고 있고, 청소년보호법에는 연 나이 19세부터 술과 담배를 살 수 있도록 정해 두었답니다.

누군가 여러분의 나이를 묻는다면 여러분은 뭐라고 대답할 건가요?

✅ 몇 살이면 가능할까?

- 자동차 운전은 언제부터 할 수 있을까?
  운전면허 취득 가능 – **만 18세 이상**

- 작은 오토바이는 언제부터 탈 수 있을까?
  125CC이하 원동기(소형 오토바이) 면허 취득 가능 – **만 16세 이상**

- 나도 직접 국회의원, 대통령을 뽑고 싶다면?
  투표 가능 – **만 18세 이상**

- 꼭 들어가고 싶은 회사가 있다면?
  취업 가능 – **만 18세 이상**

❓ '한국식 나이' 없애야 할까?

　대부분의 나라가 '만 나이'를 사용하는 것처럼 우리나라도 일상생활에서 중요한 일은 만 나이를 기준으로 해요. 병원 진료나 여행 등에 필요한 기록도 모두 만 나이로 계산하지요. 이런 이유로 최근 한국식 나이를 없애자는 사람이 늘고 있어요. 한국식 나이와 만 나이가 다르기 때문에 여러 가지 일을 처리할 때 불편하다는 주장이에요.

반면 한국식 나이를 우리나라의 독특한 문화로 보는 긍정적인 목소리도 있어요. 같은 해에 태어났더라도 생일에 따라 나이가 달라지는 만 나이는 오히려 일상생활에서 곤란한 상황을 만든다는 거예요. 특히 우리나라는 가족이 아니더라도 나이 차이에 따라 언니, 누나, 형, 오빠 같은 말을 자주 사용해요. 따라서 만 나이만 사용하면 이런 말을 사용할 때 큰 혼란이 생길 거라는 의견도 있고요.

여러분은 한국식 나이를 없애자는 주장에 대해 어떻게 생각하나요?

귀신, 유령

2. 나라마다 귀신도 다르다고?

여러분은 귀신을 무서워하나요?

사전에서는 '귀신'을 '사람이 죽은 뒤에 남는다는 넋'이라고 풀이해요. '유령'이나 '요괴'도 귀신과 비슷한 말로 사용되지요. 유령은 '죽은 사람의 혼령', 요괴는 '요사스러운 귀신'이라는 뜻이거든요.

귀신이나 유령, 요괴가 세상에 실제로 존재하는지는 모르겠지만 옛날이야기는 물론이고 지금도 영화나 드라마 또는 게임 속에 다양한 귀신과 요괴가 등장하는 것은 사실이에요.

🔔 아하, 그렇구나!

우리나라를 대표하는 귀신은 '도깨비'예요. 그런데 우리가 흔히 떠올리는 머리에 뿔이 달려 있고 누더기 옷을 입고 있는 도깨비의 모습은 알고 보면 일본 귀신 '오니'의 특징이라고 해요.

우리나라 전통 도깨비는 각시도깨비, 외눈도깨비, 외다리도깨비, 낮도깨비, 불도깨비 등 이름만큼 다양한 모습으로 전해지고 있어요. 빗자루나 부지깽이(아궁이 따위에 불을 땔 때 쓰는 가느스름한 막대기)가 귀신으로 변한 것이 도깨비라는 이야기도 있고 머리를 풀어 헤치거나 다리가 하나뿐인 도깨비도 있지요.

일본 귀신 오니는 사람에게 피해를 주는 부정적인 존재지만 우리나라 도깨비는 짓궂고 장난을 좋아하며 사람과 친해지고 싶어 하는 귀신이라는 점도 달라요.

어떤 도깨비는 씨름을 너무 좋아해서 지나가는 사람만 보면 붙잡고 씨름을 하자고 조르기도 한대요. 또 요술로 착한 사람을 부자로 만들어 주거나 못된 사람을 혼내 주는 도깨비도 있고요.

도깨비 말고도 우리나라 귀신 중에는 하얀 한복을 입고 긴 머리를 한 귀신도 있어요. 이런 모습을 한 귀신을 '처녀귀신' 또는 '손각시'라고 부르지요. 일본이나 인도네시아에도 우리나라 처녀귀신과 비슷한 귀신이 있다고 해요.

서양 이야기 속에 자주 등장하는 귀신은 '뱀파이어'예요. 사람의 피를 빨아 먹는 귀신이기 때문에 '흡혈귀'라고도 해요. 가장 유명한 뱀파이어는 '드라큘라'예요. 원래 드라큘라는 소설 속에 등장하는 주인공 이름이지만 지금은 전 세계에 알려질 만큼 유명한 귀신이지요.

중국에도 사람의 피를 빠는 흡혈 귀신 '강시'가 있어요. 강시는 '뻣뻣하게 굳은 시체'라는 뜻이에요. 영화 속에 등장하는 강시가 두 팔을 앞으로 뻗은 채 관절을 굽히지 못하고 콩콩 뛰어다니는 것도 그런 이유 때문이에요. 뱀파이어와 강시는 모두 낮에는 관이나 무덤에 누워 있다가 밤에만 활동한다는 공통점이 있어요.

요즘 세계적으로 가장 주목 받는 귀신은 아마 '좀비'일 거예요. 좀비가 등장하는 영화와 드라마가 우리나라에서도 큰 인기를 끌고 있어요. 좀비의 기원은 북아메리카의 섬나라 아이티 사람들이 믿는 '부두교'라는 종교에서 출발해요. 부두교의 마술사들은 사람에게 약을 먹여 잠시 죽은 상태로 만들었다가 다시 마술로 깨어나게 하는 능력이 있었대요. 이렇게 죽었다 다시 깨어난 사람의 생각을 빼앗은 채 노예처럼 다스렸다는 이야기에서 지금의 좀비가 탄생한 거랍니다.

화장실, 변기

3. 내가 싼 똥과 오줌은 어디로 가는 걸까?

여러분은 하루에 몇 번 정도 화장실에 가나요? 혹시 여러분이 화장실에서 싼 똥과 오줌은 어디로 가는지 알고 있나요?

화장실에서 사용한 물이 내려가는 길은 두 가지가 있어요. 세면대에서 손을 씻거나 욕조에서 목욕을 한 물은 '하수관'을 통해 내려가고, 변기에 있던 물은 '오수관'을 통해 정화조 또는 정화 시설로 내려가요. 참고로 부엌에서 설거지를 하거나 세탁기에서 나오는 물은 하수관으로 흘러요.

이렇게 각 가정의 하수관은 땅 밑에 있는 '하수도'와 연결되어 있어요. 결국 집에서 하수관으로 내려간 물은 하수도를 통해 지역에 있는 하수 처리장으로 모이게 되는 거예요.

아하, 그렇구나!

우리가 싼 똥과 오줌은 변기에서 내린 물과 함께 건물 아래에 있는 '정화조'라는 큰 통에 일단 모이게 돼요. 아파트 지하에도 '정화 시설'이 있지요. 정화 시설에 모인 똥과 오줌은 이틀 정도 부패 과정을 거쳐요. 그때 무거운 똥은 아래로 가라앉은 후 미생물에 의해 분해가 돼요. 똥이 분해가 되면 원래보다 부피가 훨씬 작아지지요. 그 후 여과 장치를 통해 여러 가지 이물질을 걸러 내고 정화 시설에서 다시 소독 과정을 거친 후 하수도를 통해 하수 처리장으로 이동하는 거예요.

정화 시설을 거친 똥과 오줌이 섞인 물은 하수 처리장에 모인 후 다시 여러 과정을 통해 안 좋은 물질을 모두 걸러 내고 깨끗한 물로 변신을 해요. 요즘에는 하수 처리 과정에서 걸러진 후 분해된 똥을 다시 고체 상태로 만들어 비료로 사용하거나 난방 연료로 사용하는 기술도 있어요.

이렇게 모든 오염 물질을 없애고 깨끗해진 물을 냇물과 강으로 흘려보내지요. 그리고 강물을 퍼 올려 정수 시설을 거치면 우리가 쓰는 수돗물이 되는 거예요. 결국 우리가 집에서 사용하고 버린 물이 돌고 돌아 다시 우리에게 오는 거랍니다.

 우주에서는 똥과 오줌을 어떻게 처리할까?

우주에서 똥과 오줌을 싸면 어떻게 될까요? 아마도 똥과 오줌이 둥둥 떠다닐 거예요. 우주는 중력이 없기 때문이지요.

따라서 우주의 화장실은 특수하게 만들어져 있어요. 변기는 물을 이용하는 것이 아니라 청소기처럼 똥과 오줌을 공기로 빨아들이는 방식이에요. 특히 오줌은 특수한 깔때기를 통해 받은 후 며칠 동안 정화 과정을 거쳐 다시 먹는 물로 사용해요. 똥은 폭이 좁은 변기에 설치된 비닐에 싸서 처리하지요.

지난 2020년에는 미국항공우주국(NASA-National Aeronautics and Space Administration)이 새로운 우주 화장실을 우주선에 실어 국제우주정거장으로 보냈어요. 새 화장실은 기존의 화장실보다 크기는 더 작지만 무게는 더 가볍다고 해요. 또한 배설물을 아래로 잘 내려가게 하는 이중 장치와 여성 우주인을 위한 새로운 변기 등 국제우주정거장에 머물고 있는 우주인들이 더 편하게 사용할 수 있게 제작되었어요. 특수하게 만든 만큼 그 가격만 무려 269억이라고 하네요.

크리스마스, 산타 클로스

4. 크리스마스와 산타 할아버지는 관계가 없다고?

전 세계 어린이들이 1년 중에서 가장 손꼽아 기다리는 날은 언제일까요? 혹시 12월 25일 크리스마스는 아닐까요?

'크리스마스(Christmas)'는 예수의 탄생을 축하하는 기독교 행사에서 유래한 날이에요. 예수가 정확하게 언제 태어났다는 기록은 전해지지 않기 때문에 '12월 25일'은 예수가 탄생한 것을 기념하기 위해 나중에 정해진 날짜라고 해요.

크리스마스를 줄여서 'X-MAS'라고 쓰기도 하는데 이때 'X'는 그리스어로 예수를 뜻하는 'Χριστός'의 첫 글자예요. 그러므로 'X-MAS'는 '엑스마스'가 아니라 '크리스마스'라고 읽는 것이 맞답니다.

아하, 그렇구나!

크리스마스는 기독교와 관련이 있는 날이지만 지금은 종교와 상관없이 가족과 친구에게 감사와 사랑의 마음을 담아 선물을 주고받는 기념일로 생각하는 사람이 많아요. 특히 어린이들에게 크리스마스는 산타 할아버지가 선물을 주는 날이라는 의미가 크지요.

산타 할아버지가 어린이들에게 선물을 주는 풍습은 지금의 터키 지역에 살았던 '상트 니콜라스'라고 하는 기독교 성직자(종교적 직분을 맡은 사람)의 이야기에서 시작된 거예요. 니콜라스는 어린이들에게 선물을 나눠 주거나 가난한 사람을 돕는 등 오랫동안 많은 선행을 베풀다가 12월 6일 세상을 떠났어요. 하지만 그가 죽은 후에도 여러 사람이 니콜라스의 따뜻한 마음을 잊지 않기 위해 12월 6일이 되면 아이들에게 작은 선물을 나눠 주기 시작했어요. 그 일이 마치 전통처럼 유럽과 미국에 전해지면서 '상트 니콜라스'라는 이름이 영어식 발음인 '산타 클로스(Santa Claus)'가 된 거예요.

또한 산타 클로스는 크리스마스 전날 밤에 아이들 몰래 집에 찾아와 선물을 놓고 간다는 이야기가 덧붙여지면서 선물을 주는 날짜도 12월 6일에서 지금처럼 크리스마스로 바뀌게 되었답니다.

산타 캐릭터는 '코카콜라' 회사가 만든 거라고?

우리가 생각하는 산타는 얼굴에 흰 수염이 가득하고 빨간 옷을 입은 뚱뚱한 할아버지예요. 하지만 산타가 처음부터 그런 모습은 아니었어요. 빨간 옷이 아니라 초록색 옷을 입은 산타도 있었고, 키가 크고 마른 산타도 있었다고 해요. 심지어 굴뚝을 잘 드나들 수 있게 산타를 요정처럼 작게 표현하는 경우도 있었고요.

그런데 1930년대 초에 미국의 음료 회사였던 '코카콜라'가 겨울에는 콜라가 잘 팔리지 않자 콜라를 마시는 산타 클로스의 모습을 광고 이미지로 사용했어요.

이때 병에 새겨진 빨간 코카콜라 글씨를 잘 떠올리게 하려고 산타 할아버지의 옷을 빨간 색으로 강조한 거예요. 이 광고가 유명해지면서 지금의 산타 할아버지 모습으로 굳어진 거랍니다.

생존수영

5. 생명을 지켜 주는 수영이 있다고?

여름철에 더위를 식히는 가장 확실한 방법은 물놀이 아닐까요?

특히 우리나라는 산과 바다를 쉽게 접할 수 있어 계곡이나 바다에서 물놀이를 즐기는 사람이 많아요. 그런데 아무리 수영을 잘하는 사람이라도 물 속에서 위험에 빠지게 되면 당황하게 되지요.

이때 필요한 것이 바로 '생존수영'이에요.

아하, 그렇구나!

일반적인 수영 교육은 평영, 배영, 접영처럼 여러 가지 헤엄치는 기술이나 더 빨리 수영하는 방법을 주로 가르쳐요. 이와 다르게 생존수영은 말 그대로 물에서 위험한 상황에 놓였을 때 위기에서 벗어나 자신의 생명을 지키는 수영 방법이에요. 따라서 생존수영을 배울 때 가장 중요한 것은 구조가 될 때까지 또는 안전한 곳으로 이동하기 위해 최대한 물에 오래 떠 있는 방법을 익히는 거랍니다.

몇 년 전 인천의 한 해수욕장에서 높은 파도에 휩쓸려 바닷가에서 멀리 떨어진 곳까지 떠밀려 간 학생이 생존수영으로 18분 넘게 물 위에 떠 있다가 무사히 구조된 일이 있었어요. 또 중국의 80대 할머니가 실수로 물에 빠진 후 하늘을 향해 눕는 자세로 물 위에 떠 있다가 구조된 일이 뉴스에 나오기도 했지요. 할머니는 평소 수영을 할 줄 몰랐지만 위기의 상황에서 침착하게 스스로 생존수영 방법을 알아낸 거예요.

네덜란드, 프랑스, 독일 등 많은 나라가 학생들에게 생존수영을 가르치고 있어요. 특히 실제 위기 상황에서 잘 대처할 수 있도록 평소 입던 옷과 신발을 그대로 착용한 상태에서 생존수영을 배우기도 한대요. 또한 작은 몸동작으로 멀리까지 헤엄쳐 가는 기술은 물론 다이빙과 잠수 그리고 다른 사람을 구조하는 능력까지 갖추는 것이 생존 수영의 최종 목표라고 해요.

우리나라도 지난 2018년부터 초등학생을 대상으로 생존수영을 의무적으로 교육하고 있어요. 여러분도 소중한 생명을 위해 진지하고 적극적인 태도로 생존수영을 배워 보세요. 물론 위험한 상황에 놓이지 않도록 계곡이나 바닷가에서 안전하게 물놀이를 하는 것이 가장 우선이겠죠?

 ## 생존수영의 기본은 '잎새 뜨기'

평소 수영을 할 줄 모르는 사람에게 가장 중요한 생존수영은 구조대가 올 때까지 물에 가만히 떠 있는 거예요. 이때 가장 기본이 되는 동작이 '잎새 뜨기'예요. 말 그대로 나뭇잎처럼 몸을 물에 뜨게 하는 방법이지요.

먼저 몸에 힘을 빼고 입으로 숨을 크게 들이마셔 폐에 공기를 채워요. 그다음 하늘을 보고 누운 자세로 양팔을 머리 위로 뻗고 하체를

잎새 뜨기 1단계   잎새 뜨기 2단계

가볍게 만들기 위해 무릎을 굽혀요. 무릎을 굽히면 몸에 균형이 잡혀 더 쉽게 물에 뜰 수 있어요. 이때 귀가 물속에 들어가는 것은 당연하니까 억지로 머리를 들려고 하면 안 돼요. 호흡을 할 때는 내쉬는 숨을 작게 해서 폐 속에 공기가 계속 차 있도록 하는 것이 중요해요. 어느 정도 안정이 된 후 굽혔던 무릎을 천천히 펴서 다리를 벌려 주면 더 편한 자세로 물에 뜰 수 있답니다.

반려 동물, 유기 동물

6. '애완 동물'이 아니라 '반려 동물'이라고?

혹시 여러분 집에도 함께 사는 반려 동물이 있나요?

요즘은 개나 고양이는 물론이고 새나 곤충을 반려 동물로 키우는 사람도 늘고 있어요. '반려'란 '늘 친하게 어울리는 짝'이라는 뜻이니까 '반려 동물'은 가족처럼 사람과 함께 살아가는 동물이지요.

예전에는 '애완 동물'이라는 표현을 주로 사용했어요. '애완'은 '가까이 두고 즐거워 한다'는 뜻이에요. 따라서 '애완 동물'은 동물을 사람에게 즐거움을 주는 존재로만 생각하는 말로 느껴지기도 해요. 마치 장난감처럼 말이에요.

이런 이유로 지금은 애완 동물 대신 반려 동물이라는 표현을 더 많이 사용하지요.

아하, 그렇구나!

그런데 요즘은 안타깝게도 유기 동물에 대한 뉴스도 자주 접하게 돼요. '유기 동물'이란 원래는 주인이 키우던 동물이었지만 더 이상 돌보지 않고 내다 버린 동물을 말해요. 동물이 자라면서 덩치가 너무 커지거나 또는 병에 걸려 더 이상 돌보기 힘들다는 이유 등으로 키우던 개나 고양이를 버린 거예요.

한편 일부러 버려진 것이 아니라 밖에 나왔다가 실수로 주인과 헤어져 다시 집을 찾아가지 못하는 경우도 있어요. 이런 경우는 대부분 다시 주인과 만나서 집으로 돌아갈 수 있어요.

하지만 버려진 동물은 길에서 떠도는 생활을 할 수밖에 없어요. 그 과정에서 먹이를 제대로 구하지 못해 영양실조에 걸리거나 사고로 목숨을 잃기도 해요. 유기 동물 보호 센터로 옮겨지더라도 주인이 다시 데려가거나 입양을 하겠다는 사람이 나타나지 않으면 법으로 정해진 보호 기간이 지난 후 안락사를 시키는 경우가 많아요. 유기 동물을 계속 보호하지 못하고 안락사를 실시할 수밖에 없는 이유는 버려지는 동물은 계속 늘어나는데 보호 센터의 수는 그에 비해 부족하기 때문이라고 하네요.

충분한 준비가 필요하다고?

　해마다 유기 동물이 늘어나는 가장 큰 이유는 많은 사람이 준비되지 않은 상태에서 섣불리 동물을 키우기 때문이에요. 동물이 어리고 몸집이 작은 새끼일 때는 키우기도 쉽고 귀엽다는 생각이 들기 마련이에요.

　하지만 시간이 지나면서 함께 사는 동물에 대해 여러 가지 신경을 쓰고 책임을 져야 하는 일들이 당연히 발생하게 되지요. 먹이를 마련하거나 아플 때 치료를 위해 병원에 가는 등 반려 동물을 키우는 동안 계속 돈이 드는 것도 미리 생각할 부분이에요.

　이런 상황에 대해 준비하지 않은 채 충동적으로 동물을 키우다 보니 갖고 놀던 장난감을 버리듯 무책임하게 동물을 버리는 안타까운 일이 계속 일어나는 거예요.

　혹시 반려 동물을 키울 계획을 가지고 있다면 신중하게 생각해 보고 결정해도 늦지 않아요. 준비가 되었다면 유기 동물 보호 센터를 통해 가족이 될 반려 동물을 만나는 것도 좋은 선택이 될 거예요.

e스포츠

7. 프로게이머도 올림픽 선수가 될 수 있다고?

여러분은 평소 어떤 컴퓨터 게임을 즐겨 하나요?

총이나 무기를 발사해 적이나 장애물을 제거하는 '슈팅 게임'이나 자동차를 조종해 순위를 겨루는 '레이싱 게임'을 좋아하는 친구도 있을 거예요.

전투를 승리로 이끌기 위해 여러 가지 방법이나 기술을 사용하는 '전략시뮬레이션 게임'과 축구나 야구로 승부를 겨루는 '스포츠 게임'은 나이와 상관없이 여러 사람이 즐기기도 해요.

 아하, 그렇구나!

 '스포츠'는 '몸을 튼튼하게 하거나 건강을 위해 몸을 움직이는 일' 또는 '일정한 규칙에 따라 개인이나 단체끼리 속력, 지구력, 기능 따위를 겨루는 일'이에요.

 한편 컴퓨터 게임은 주로 의자에 앉아서 키보드를 이용해 컴퓨터 화면을 조작하는 방법으로 이루어져요. 이런 컴퓨터 게임도 운동경기, 즉 스포츠라고 할 수 있을까요?

 실제로 온라인으로 승부를 겨루는 컴퓨터 게임 대회를 'e스포츠 대회'라고 해요. 컴퓨터 게임을 젊은 세대 사이에서 발전하고 있는 새로운 형태의 스포츠로 인정한다는 의미지요.

 4년에 한 번씩 아시아 대륙에 속한 각 나라의 친선(서로 간에 친밀하여 사이가 좋음)과 평화 유지를 목적으로 열리는 국제 운동 경기 대회가 '아시안게임'이에요. 지난 2018년 '제18회 인도네시아 자카르타-팔렘방 아시안게임'에서는 '리그오브레전드', '스타크래프트2', '클래시로얄', '위닝일레븐' 같은 컴퓨터 게임이 시범 종목으로 채택이 되었어요. 그리고 2022년 '제19회 중국 항저우 아시안게임'부터는 e스포츠가

6개의 금메달이 걸린 정식 종목이 되었지요.

 특히 우리나라는 게임 강국인 만큼 e스포츠 경기에 출전하는 선수들의 실력도 뛰어나고 앞으로의 활약도 기대가 되고 있어요.

 e스포츠도 다른 운동 경기와 마찬가지로 정해진 경기장에서 엄격한 규칙에 따라 진행이 되며 공정한 게임과 정확한 승패를 가르기 위해 주심이나 부심 같은 심판도 존재해요. 게임의 종류에 따라 1대1, 5대5 등 다양한 인원이 선수로 참여를 하고 관중의 열띤 응원도 볼 수 있어요.

 '페이커'라는 이름으로 활동하는 우리나라 프로게이머 '이상혁'은 축구 선수 손흥민만큼 세계적으로 인기가 많은 e스포츠 선수라고 하네요.

올림픽에도 e스포츠 종목이 생길까?

e스포츠를 다른 운동 경기와 똑같이 취급하는 것에 대해 반대하는 목소리도 있어요. e스포츠는 신체 활동과 관련이 없으며 어떤 게임은 폭력적이기도 하다는 거예요. 이런 이유로 세계적인 스포츠 축제인 올림픽에서는 컴퓨터 게임을 경기 종목에 포함시키는 것에 대해 부정적인 입장이에요.

반면 올림픽 역시 언제 어디서나 경기가 가능한 e스포츠 중심으로 변화해야 한다는 주장도 나오고 있어요. '코로나19'로 2020년에 열리기로 예정되어 있던 도쿄 올림픽에 문제가 생기면서 e스포츠에 대한 관심이 더 커지기도 했어요.

컴퓨터 게임은 사람의 신체 활동 능력을 중심으로 이루어지는 스포츠가 아닌 컴퓨터 모니터를 통해 이루어지는 게임일 뿐일까요, 아니면 다른 운동 경기와 마찬가지로 체력과 집중력을 바탕으로 수준 높은 기술과 능력을 발휘하는 스포츠일까요?

언택트, 온택트, 비대면

8. 언택트? 온택트? 뭐가 맞는 말일까?

'코로나19'가 우리의 일상에 준 가장 큰 변화는 무엇일까요? 아마 '언택트' 생활이 아닐까요?

'언택트'란 '접촉하다'라는 뜻의 영어 '콘택트(contact)'에 반대 의미인 '언(un-)'을 합성한 말로 '사람과 접촉하지 않는 방식'을 가리키는 말이에요. 우리말로는 서로 얼굴을 마주 보고 대하지 않는다는 뜻으로 '비대면'이라고 하지요.

사실 '코로나19'가 확산되기 전에도 우리는 언택트 방식의 생활을 이미 경험해 왔어요. 카페나 음식점에서 '키오스크'라는 기계로 주문과 계산을 동시에 하거나 마트에서 셀프계산대를 이용하는 것도 언택트 생활이거든요.

 아하, 그렇구나!

요즘은 '온택트(ontact)'라는 말도 자주 들을 수 있어요. '온택트'는 '언택트'와 '온라인(online)'의 합성어로 인터넷 같은 온라인을 통해 바깥과 연결하고 소통하는 방식을 말해요. 회의, 수업, 쇼핑 같은 일상은 물론이고 공연, 여행, 졸업식 같은 특별한 활동도 온택트로 경험할 수 있어요. 학생들이 각자 집에서 온라인 수업을 받는 온택트 생활은 어느새 자연스러운 일이 되었지요.

일본의 한 대학교에서는 '뉴미'라는 로봇을 이용해 화상 졸업식을 진행하기도 했어요. 졸업 가운을 걸치고 학사모를 쓴 로봇의 머리에는 태블릿 모니터가 달려 있었어요. 각자 머무는 곳에서 온라인으로 졸업식에 참여한 학생들의 얼굴이 태블릿 모니터에 나타나면 로봇이 대신 졸업장을 받는 방법으로 졸업식이 진행된 거예요. 또한 뮤지컬이나 콘서트 같은 공연을 온택트로 즐기기도 해요. 세계적으로 인기를 끌고 있는 아이돌 그룹 'BTS'나 '블랙핑크'의 온라인 콘서트는 각 나라에서 동시에 수십 만 명의 팬들이 접속해 화제가 되기도 했지요.

언택트와 온택트는 '코로나19' 전에 이미 시작된 변화였어요. '코로나19' 같은 팬데믹(세계적으로 전염병이 대유행하는 상태) 상황이 아니더라도 언택트와 온택트 생활이 곧 우리의 일상에 자리 잡게 될 거예요. 따라서 앞으로 또 어떤 변화가 우리의 삶에 영향을 줄지 예측하고 준비하는 태도가 필요하답니다.

 여행도 온라인으로? 랜선 투어가 있잖아!

비행기를 타지 않고도 프랑스나 스페인 같은 외국 여행을 떠날 수 있을까요? 온택트 생활에서는 가능한 일이에요. 바로 '랜선 투어'라고 부르는 온라인 여행이에요. '랜선'은 원래 인터넷 사용을 위해 컴퓨터에 꽂는 선을 가리키는 말이지만 요즘은 '랜선 맛집', '랜선 파티' 등 인터넷으로 다양한 세상과 연결된다는 뜻으로 쓰여요.

'랜선 투어'는 세계 각지의 여행 가이드가 스마트폰이나 인터넷에 연결된 카메라를 들고 직접 유명 관광지나 야경 등을 라이브로 소개하면 참여자들은 각자 집에서 온라인으로 화면을 공유하는 방법이에요. 미리 찍어 놓은 영상이 아닌 실시간으로 현장의 상황을 그대로 보여 주는 방식이라서 가이드에게 직접 궁금한 것을 질문할 수도 있고 어떤 장소나 물건을 더 자세하게 보여 달라고 요청할 수도 있답니다.

식용 곤충

9. 곤충이 미래의 식량이라고?

귀뚜라미, 메뚜기, 나방, 굼벵이 같은 곤충이나 벌레를 떠올려 보세요. '신기하다, 직접 보고 싶다'는 생각이 드나요, 아니면 '으~ 징그럽다'는 느낌이 먼저 나나요? 혹시 '와! 맛있겠다'라는 생각은 들지 않나요?

지금은 낯설게 느껴질 수도 있지만 앞으로는 우리 식탁에서 아무렇지도 않게 이런 곤충들을 보게 될지도 몰라요. 우리나라도 예전에는 농촌에서 메뚜기를 잡아 구워 먹곤 했어요. 지금도 누에고치 애벌레인 번데기를 삶아 먹기도 하고요. 태국이나 중국 시장에서는 간식으로 파는 곤충 구이나 튀김을 흔히 볼 수 있지요.

미국이나 유럽의 여러 나라도 곤충을 먹거리로 개발하는 연구를 활발하게 하고 있고 곤충 요리를 파는 식당도 늘고 있지요. 일본 거리에는 캔에 담긴 식용 곤충을 파는 자판기도 있다고 해요.

아하, 그렇구나!

세계 인구는 나날이 증가하는데 오히려 지구의 환경은 점점 식량을 생산하기 어렵게 바뀌고 있어요. 곤충이 미래의 식량으로 주목 받는 것도 바로 이런 이유 때문이에요. 소, 돼지 같은 가축이나 쌀과 옥수수 같은 곡식을 생산하기 위해서는 넓은 땅과 물 등 많은 자원이 필요하지만 곤충은 크기가 작고 번식이 빠르기 때문에 생산하는 데 필요한 자원과 에너지가 적게 든다는 점에서 환경에도 도움이 되지요.

무엇보다 식용 곤충은 단백질이 풍부하고 다양한 영양소가 많이 포함되어 있어 건강한 음식이 될 수 있어요. 식용 곤충이 비만 예방이나 면역력을 강화하는 데 효과가 있다는 연구 결과도 있어요.

아무리 장점이 많고 건강에 좋은 음식이라고 해도 곤충이나 벌레를 모양 그대로 튀기거나 삶아서 만든 요리라면 징그럽다는 생각에 먹기가 쉽지 않을 거예요. 하지만 너무 걱정하지 않아도 돼요. 식용 곤충을 그대로 먹는 것이 아니라 가루로 만든 뒤 과자, 젤리, 초콜릿, 국수 같은 다양한 음식으로 만든다고 하네요.

 반려 곤충은 어때?

요즘은 곤충을 애완용으로 키우는 사람도 늘고 있어요. '반려 곤충'이라는 말까지 있을 정도예요. 가장 인기가 있는 곤충은 장수풍뎅이와 사슴벌레예요. 알에서 부화한 애벌레가 곤충으로 성장하는 모습이나 다 자란 곤충의 활동 모습을 관찰하다 보면 자연스럽게 생태 학습도 할 수 있지요.

단지 크기가 작고 관리가 편해서 곤충을 키우는 것만은 아니에요. 장수풍뎅이, 쌍별귀뚜라미, 호랑나비 등을 이용한 심리치료 프로그램은 사람의 정서를 안정시키고 우울감을 줄여 주는 효과도 있다고 해요. 곤충이 사람의 마음과 정신을 치유해 주기도 한다는 거예요.

우리나라는 몇 년 전부터 해마다 다양한 애완 곤충을 직접 만나볼 수 있는 '애완곤충경진대회'를 열고 있어요. 곤충 전시 체험 이외에도 직접 키우고 있는 애완 곤충들을 데리고 와서 '우량 곤충', '멋쟁이 곤충', '귀요미 곤충' 등을 뽑기도 한답니다.

채식, 채식주의자

10. 채식도 종류가 다르다고?

여러분은 고기와 야채 중 무엇을 더 좋아하나요?

삼겹살, 스테이크, 불고기 등 고기로 만든 음식을 먹는 것을 '육식'이라고 해요.

반면 육식을 피하고 주로 채소나 과일, 해초 등 식물성 음식을 먹는 것을 '채식'이라고 하지요.

또한 채식 위주로 식생활을 하는 사람을 가리켜 '채식주의자', 영어로는 '베지테리언(vegetarian)'이라고 해요.

아하, 그렇구나!

　같은 채식주의자라고 해도 먹는 음식의 종류에 따라 여러 가지로 구분할 수 있어요.

　닭이나 오리 같은 조류와 생선은 먹지만 소와 돼지 같은 붉은 고기를 먹지 않는 경우는 '폴로 베지테리언이'라고 해요.

　생선은 먹지만 닭이나 오리를 비롯해 모든 육류를 먹지 않는 채식주의자는 '페스코 베지테리언'이에요.

　'락토 베지테리언'은 우유와 우유로 만든 치즈, 버터 등의 유제품은 먹지만 달걀과 생선을 비롯한 모든 육식을 먹지 않는 채식주의자를 말해요.

　우유나 치즈 같은 유제품과 모든 생선과 고기는 먹지 않지만 달걀은 먹는 '오보 베지테리언'도 있어요.

　소고기, 돼지고기, 닭고기 등 모든 육식과 생선은 물론 달걀이나 우유, 치즈 등 동물한테 나오는 음식도 먹지 않으며 오로지 채소와 야채

만 먹는 완전한 채식주의자는 '비건'이라고 해요.

　더 나아가 채식 중에서도 식물의 뿌리와 잎은 먹지 않고 열매인 과일과 곡식만 먹는 극단적인 채식주의자를 가리키는 말은 '프루테리언'이에요.

　한편 주로 채식을 하지만 때에 따라 육식을 하는 '플렉시테리언'도 있어요.

　최근 우리나라도 채식주의자가 늘고 있어요. 이에 발맞춰 채식주의자를 위한 식당도 새롭게 문을 열고 군대에서도 채식주의자를 위한 식단을 따로 마련할 계획이라고 해요. 학교에서도 채식주의자를 위한 급식을 고민하고 있고요.

　사람들이 채식을 선택하는 이유는 여러 가지예요. 건강을 위해서 채식을 선택하는 경우도 있고 종교적인 이유 때문이기도 해요. 요즘에는 동물 복지와 지구 환경을 위해 채식을 선택하는 사람도 늘고 있어요. 반면 영양소의 불균형 때문에 오히려 채식이 건강에 해롭다는 의견도 있고요.

사람마다 신체 조건과 건강 상태가 다른 만큼 육식과 채식 중 무엇이 더 건강에 좋은지를 딱 잘라서 판단하기는 어려워요. 따라서 다른 사람에게 육식이나 채식을 강요하는 것도 바람직하지 않지요.

하지만 무조건 맛있고 유행하는 음식을 먹기 보다 내가 먹는 음식이 나의 건강은 물론 나를 둘러싼 환경에 어떤 영향을 끼치는지 되돌아보는 것은 필요하지 않을까요?

 ## 환경을 위한 채식주의

환경 운동가들이 채식을 강조하는 이유 중 하나는 가축을 기를 때 발생하는 온실가스 때문이에요. 전 세계에서 길러지고 있는 수많은 소와 돼지가 내뿜는 트림과 방귀에서 나오는 가스가 지구 온난화를 부추기는 원인이라는 것은 잘 알려진 사실이에요. 가축에게 먹일 많은 곡식을 기르기 위해 숲을 파괴하는 일도 계속 일어나고 있고요.

따라서 육식을 줄일수록 온실가스 배출량이 줄어들고 숲이 다시 만들어져 지구 환경을 건강하게 회복할 수 있다는 게 환경 운동가들의 주장이랍니다.

일상생활도 '비건'?

 동물을 먹지 않을 뿐 아니라 일상에서도 사람을 위해 동물을 이용하지 않는 생활을 '비거니즘'이라고 해요. 이처럼 비거니즘을 실천하는 사람을 '비건'이라고 부르지요.

 비거니즘은 사람의 편리함 때문에 동물을 희생하면 안 된다는 입장이에요. 동물도 사람처럼 고통을 느끼고 생각을 한다는 점에서 행복할 권리가 있다는 거예요. 따라서 동물로 만든 음식은 물론 동물의 털과 가죽으로 만든 옷이나 가방, 동물 실험을 거친 물건도 거부하지요.

 또한 비거니즘은 사람에게 즐거움을 주기 위해 동물을 훈련시키는 동물공연이나 동물을 좁은 곳에 가두어 두는 동물원도 반대한답니다.

 여러분은 비거니즘에 대해서 어떻게 생각하나요?

바코드, QR코드

11. 검은 막대 속에 정보가 있다고?

여러분 주변에서 바코드를 찾아보세요.

영어로 '바(bar)'는 '막대', '코드(code)'는 '기호'라는 뜻이에요. 따라서 '바코드'는 흰 바탕 위에 막대처럼 생긴 여러 개의 검은 선 모양의 기호를 가리키는 말이지요.

과자 봉지나 음료수 캔에도 바코드가 새겨져 있고 아이스크림이나 케이크로 교환할 수 있는 쿠폰도 대부분 바코드로 되어 있어요.

지금 여러분이 보고 있는 이 책의 뒤표지에도 바코드가 있지요.

아하, 그렇구나!

바코드는 여러 가지 물건을 쉽고 빠르게 구분하기 위해서 만들어졌어요. 마트나 서점에서 물건을 계산할 때 붉은 빛이 나오는 기계에 바코드를 대면 '삑!' 하는 소리가 나지요. 그러면 자동으로 컴퓨터 화면에 물건 이름이나 가격 등의 정보가 뜨게 돼요. 바로 레이저가 쏘는 빛을 이용하는 거예요.

스캐너(그림이나 사진, 문자 등을 복사하듯 읽어서 파일로 저장하는 장치)로 바코드를 읽으면 검은 막대는 스캐너에서 나오는 빛을 대부분 흡수하지만 흰색 부분은 빛을 흡수하지 못한 채 반사시켜요. 이렇게 검은 막대의 굵기와 흰색 공간의 크기에 따라 반사되는 빛의 차이를 다시 숫자로 나타내는 것이 바코드의 원리예요.

스캐너는 선으로 그려진 바코드만 읽을 수 있어요. 바코드 아래 표시된 숫자는 눈으로도 직접 물건의 정보를 확인할 수 있도록 한 거예요. 따라서 스캐너의 오류로 바코드를 제대로 읽지 못할 경우 바코드 아래에 있는 숫자를 직접 컴퓨터에 입력하면 바코드와 똑같은 정보를 얻을 수 있지요.

전 세계에서 공통으로 사용하고 있는 바코드는 13자리예요. 그중 제일 앞에 나온 세 자리는 물건이 만들어진 나라를 구별해 주는 정보가 담겨 있어요. 우리나라를 나타내는 바코드 숫자는 '880'이에요. 그 다음 네 개에서 여섯 개 숫자는 물건을 만든 회사, 그 뒤에 이어지는 세 개에서 다섯 개 숫자는 각각의 물건에 대한 정보를 나타내요. 그리고 가장 마지막 한 자리는 물건에 대한 정보가 잘못 표시되지 않도록 해 주는 안전장치 기능을 하는 숫자예요.

책이나 쿠폰에 나와 있는 바코드는 편의점이나 마트에서 사는 물건의 바코드와 다른 방식으로 표시되어 있다고 해요. 그래서 책에 표시된 바코드는 마트에 있는 바코드 스캐너로 읽을 수 없답니다.

 'QR코드'는 또 뭐지?

여러 개의 검은 선으로 된 바코드가 '1차원 바코드'라면 정사각형 모양의 검은 퍼즐처럼 생긴 것을 '2차원 바코드'라고 해요. 2차원 바코드는 '빠른 응답(Quick Response)'이라는 뜻을 가진 영어 앞 글자를 따서 흔히 '큐알(QR)'코드라고 불러요. QR코드는 검은 선 모양의 일반 바코드보다 훨씬 많은 정보를 저장하고 기록할 수 있어요. 숫자와 문자는 물론 그림이나 동영상도 담을 수 있지요. 예를 들어 라면 봉지에 있는 QR코드를 스마트폰으로 읽으면 라면을 맛있게 끓이는 동영상을 바로 볼 수 있고 문제집 속 QR코드에는 답을 해설해 주는 영상이 담겨 있기도 해요. 요즘은 미술관이나 박물관에서도 QR코드를 이용해 전시품에 대한 다양한 정보를 얻을 수 있어요.

스마트폰으로 QR코드를 스캔해 보세요.

무엇보다 QR코드의 장점은 편리하다는 거예요. 인터넷 사이트나 앱을 이용해 누구나 QR코드를 만들 수 있고 따로 기계가 없더라도 스마트폰으로 쉽게 QR코드를 읽을 수도 있거든요.

최근에는 상품 광고나 개인 명함에 QR코드를 활용하는 경우도 늘고 있어요. 무덤에 세우는 비석에 죽은 사람의 사진이나 동영상을 저장한 QR코드를 새겨 주는 회사도 있다고 하네요.

위의 QR코드에는 과연 어떤 정보가 담겨 있을까요?

전자레인지의 원리

12. 음식이 어떻게 데워지는 걸까?

여러분은 가끔 집에서 혼자 요리를 하나요?

라면이나 계란 프라이처럼 간단한 음식도 가스나 전기레인지를 이용해야 하는데 가스 불이나 끓는 물은 위험할 수도 있어서 정말 조심해야 해요.

그런데 전자레인지는 비교적 안전하고 편리하게 사용할 수 있어요. 집에서 간단하게 음식을 데워 먹기도 하고 편의점에서 간식을 사서 바로 먹을 때도 전자레인지를 이용하지요.

아하, 그렇구나!

전자레인지를 발명한 사람은 스펜서라는 미국인이에요. 스펜서는 원래 군대에서 사용할 레이더 장비를 연구하는 사람이었어요. 하루는 마그네트론이라는 레이더 장비를 개발하던 중 주머니 속에 넣어둔 초콜릿이 완전히 녹아내린 것을 알게 되었어요. 얼마 후에는 마그네트론 옆에 둔 옥수수 알갱이가 팝콘처럼 터지는 것을 확인했어요. 또 달걀도 익으면서 '펑' 하고 껍질이 터져 버렸지요. 스펜서는 마그네트론에서 나오는 전자파인 '마이크로파'가 초콜릿과 옥수수 알갱이 그리고 달걀에 열을 가했다는 것을 알게 되었어요. 이 원리를 바탕으로 1947년에 전자레인지를 발명한 거예요.

전자레인지는 전기로 작동을 시켜요. 전자레인지 속에 있는 마그네트론에 전기가 흐르면 마이크로파가 나오게 돼요. 음식물 속에 있는 물 분자가 마이크로파와 만나면 진동에 따라 회전을 하고 결국 물 분자들끼리 충돌하는 운동이 일어나지요. 이와 같은 물 분자의 활발한 운동에너지는 곧 열에너지로 바뀌게 되고 시간이 지나면서 뜨겁게 음식이 데워지는 거예요. 전자레인지 안에 빙글빙글 도는 판을 두는 이유는 음식을 골고루 데우기 위해서랍니다.

금속으로 된 그릇은 안 돼!

전자레인지에서 나오는 마이크로파는 대부분의 물건에는 흡수되지 않고 그냥 통과하기 때문에 유리나 도자기, 플라스틱 등 음식을 담은 그릇은 직접 가열되지 않아요. 그런데 막상 데워진 음식을 꺼내려고 할 때 그릇이 뜨거운 이유는 데워진 음식의 열이 그릇에 전달되었기 때문이지요. 또한 플라스틱 그릇이라도 종류에 따라서 열 때문에 녹아내릴 수 있으니 주의가 필요해요.

특히 은박지나 금속으로 된 그릇은 전자레인지에 넣고 가열하면 안 돼요. 마이크로파는 금속이나 은박지는 통과하지 못하고 반사되기 때문에 음식이 데워지지 않거든요. 그리고 마이크로파가 날카로운 금속을 만나면 불꽃이 일어날 수도 있어 위험하답니다.

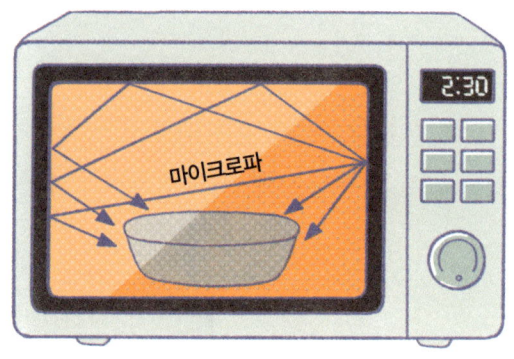

하이브리드 자동차

13. 두 개의 심장을 가진 자동차라고?

도로 위를 달리는 수많은 자동차는 어떻게 움직이는 걸까요?

자동차를 사람에 비유하면 심장에 해당하는 것이 바로 엔진이에요. 그런데 엔진을 작동시키려면 연료가 필요해요.

자동차는 엔진의 종류에 따라 '휘발유', '경유', 'LPG' 중 한 가지를 연료로 사용해요. 이 세 가지 연료 중 하나를 연료통에 넣지요. 이때 차의 종류, 즉 엔진에 따라 넣는 연료를 다르게 선택해요.

 아하, 그렇구나!

휘발유, 경유, LPG는 모두 석유로 만든 연료예요. 땅이나 바다 속에서 뽑아낸 석유는 검은 갈색을 띤 끈적한 액체 상태인데 이것을 '원유'라고 해요. 원유를 증류해서 여러 종류의 석유를 만드는 거예요. '증류'란 원유를 가열하여 생긴 기체를 냉각해서 다시 액체로 만드는 과정을 말해요. 물질은 성분에 따라 끓는점이 다르기 때문에 증류 과정에서 각각 다른 종류의 석유를 얻을 수 있지요.

휘발유는 다른 말로 '가솔린'이라고도 해요. 경유는 독일의 기술자였던 '루돌프 디젤'이 만든 엔진에 사용되는 연료라는 뜻에서 '디젤'이라고 불려요. LPG는 '액화석유가스(Liquefied Petroleum Gas)'로 휘발유나 경유에 비해 값이 싸기 때문에 주로 택시의 연료로 사용되지요.

그런데 이처럼 석유에서 얻어진 연료를 사용할 경우 자동차에서 미세먼지나 일산화탄소 등 여러 가지 오염 물질이 배기가스로 나온다는 문제점이 있어요. 석유 값이 오르면 자동차 연료비도 늘어난다는 부담도 있지요. 이런 이유로 개발된 것이 바로 '하이브리드 자동차'예요.

'하이브리드(hybrid)'는 서로 다른 성질을 가진 것을 둘 이상 뒤섞는다는 뜻이에요. 따라서 하이브리드 자동차는 석유 연료를 사용하는 엔진과 전기를 사용하는 모터를 함께 가지고 있는 것을 말해요. 마치 심장이 두 개가 있는 것처럼 석유와 전기를 번갈아 가며 사용하는 거예요.

예를 들어 처음에 하이브리드 자동차를 출발시키는 힘은 전기예요. 충전된 배터리를 이용해 전기 에너지로 자동차의 모터를 돌려 바퀴를 움직이는 방법이에요. 차가 출발한 후 어느 정도까지는 계속 전기로 달리다가 속도가 빨라지거나 오르막길처럼 힘이 필요할 때는 자동으로 석유 연료를 이용해 엔진이 작동해요. 이렇게 엔진으로 자동차가 움직이는 동안에는 배터리의 전기가 충전되는 거예요.

하이브리드 자동차의 장점은 석유 연료 사용을 줄일 수 있어 연료비를 아낄 수 있다는 점이에요. 따로 전기를 충전할 필요 없이 차가 움직이는 동안 배터리가 충전된다는 것도 편리하지요. 무엇보다 일반 자동차에 비해 오염 물질을 적게 배출한다는 점에서 환경을 생각하는 자동차라고 할 수 있답니다.

 이제 우리가 달린다! 전기차 & 수소차

앞으로는 석유로 달리는 자동차를 더 이상 볼 수 없게 될 거라고 해요. 대신 전기차와 수소차가 도로 위를 달리게 될 거예요.

요즘은 대형 마트나 아파트 주차장에서 전기차를 충전하는 장치를 자주 볼 수 있어요. 전기차는 배터리의 전기에너지로 모터를 작동해 바퀴가 움직이는 차를 말해요. 말 그대로 전기로만 움직이기 때문에 차가 움직이는 동안 오염 물질이 나오지 않고 소음과 진동이 작다는 장점이 있어요.

최근 전기차를 구입해서 이용하는 사람은 늘고 있는데 전기를 충전하는 곳이 충분하지 않아 불편한 점이 있지만 앞으로는 주택이나 아파트 주차장 등 각자 자기 집에서 쉽고 빠르게 전기차를 충전할 수 있을 거라고 해요.

또한 수소차는 수소와 산소를 반응시켜 전기를 생산하는 연료전지를 이용하는 자동차를 말해요. 수소차 역시 배출 가스를 발생시키지 않기 때문에 친환경 자동차라고 할 수 있어요.

차에 있는 수소 탱크에 수소를 충전하는 시간도 짧고 한 번 충전을 하면 전기차보다 먼 거리를 갈 수 있지만 아직은 수소차를 대량으로 생산하고 있지 않아 가격이 비싸다는 단점도 있답니다.

지엠오(GMO)

14. 유전자를 자르고, 붙이고?

여러분은 엄마, 아빠에게 어떤 유전자를 물려받았나요?

부모의 여러 가지 특징이 자식에게 전해지는 것을 '유전'이라고 해요. 'DNA'라는 유전 물질 속에 들어 있는 '유전자'가 바로 유전을 일으키는 주인공이에요.

유전자는 사람 뿐 아니라 모든 생물이 가지고 있어요. 콩과 옥수수 같은 식물은 물론 생선과 고기에도 모두 유전자가 들어 있지요.

아하, 그렇구나!

과학의 발전으로 수수께끼 같았던 유전자의 비밀이 밝혀지면서 유전자를 자르고 붙이는 유전자 조작이나 유전자 가위 기술이 가능해졌어요. 이렇게 사람의 힘으로 유전자를 바꾼 모든 생명체를 '유전자 변형 생물체', 즉 '지엠오(GMO-Genetically Modified Organism)'라고 해요.

특히 우리가 먹는 여러 가지 식품 중 옥수수나 감자, 콩 같은 농작물의 경우 전염병에 걸리지 않도록 하거나 일반 곡물보다 크기가 훨씬 크고 영양도 풍부하게 자라도록 유전자를 조작해 생산하기도 해요. 보통 연어보다 두 배나 더 빨리 자라는 '슈퍼 연어'나 질병 예방 효과가 있다고 알려진 '황금쌀'도 지엠오 기술로 개발된 식품이에요.

이와 같은 지엠오 식품이 가난한 나라의 식량 부족 문제를 해결할 수 있는 방법으로 주목 받으면서 유전자 조작 역시 인류에게 이롭고 긍정적인 기술로 인정받기도 해요. 전문가들도 대체로 지엠오 식품이 안전하다는 입장이고요.

반면 유전자 조작 기술에 대해 부정적으로 생각하는 사람도 있어요. 지엠오 식품을 오랫동안 먹었을 경우 앞으로 어떤 부작용을 겪게 될지 과학적으로 확신할 수 없다는 거예요. 또 유전자가 조작된 생물들이 생태계에 혼란을 줄 가능성을 걱정하는 목소리도 있답니다.

 ## 맞춤형 아기, 축복일까 재앙일까?

2018년 중국에서 세계 최초로 '맞춤 아기' 탄생을 발표해 큰 충격을 던져 주었어요. '에이즈'라는 유전병을 갖고 있는 중국인 남편과 그의 아내가 '유전자 가위 기술'의 도움을 받아 유전병에 저항성을 가진 쌍둥이 여자 아기를 낳았다는 거예요. '유전자 가위'란 원래 가지고 있던 유전자의 일부만 잘라 내거나 고치는 기술로 희귀한 유전병이나 불치병으로 고통받는 사람에게는 축복이 될 수도 있어요.

하지만 많은 과학자들이 유전자 가위 기술을 실제 태어날 아기들에게 사용하는 것에 반대하고 있어요. 유전자를 편집하는 과정에서 돌연변이 발생 등 문제가 나타날 수 있어 안정성과 효과가 확실하지 않기 때문이에요. 또한 다른 목적으로 유전자 가위 기술 사용될 경우 소설이나 영화처럼 머리카락과 눈동자 색깔 같은 외모는 물론 지능과 재능을 원하는 대로 선택하는 '맞춤 아기'가 태어날 수 있다고 경고한답니다.

냉동 인간

15. 100년 후에 다시 깨어난다고?

냉동 인간에 대해 들어본 적이 있나요?

과학과 의학이 발전하면서 과거에는 고칠 수 없던 병도 지금은 수술이나 약물로 치료가 가능해졌어요. 하지만 아직 극복하지 못한 질병도 여전히 많아요.

그렇다면 암이나 치매처럼 지금은 완전히 치유가 불가능한 병도 미래에는 기술이 더 발전해서 쉽게 고칠 수 있지 않을까요?

이런 희망을 가지고 시작된 연구가 바로 '냉동 인간' 기술이에요.

아하, 그렇구나!

미국과 러시아에는 이미 인체를 냉동해서 보존하는 회사가 있어요. 현재 본인이나 가족의 신청으로 냉동 인간 상태로 보존되어 있는 사람이 수백 명이라고 해요. 앞으로 냉동 인간이 되겠다고 신청한 사람의 수는 그보다 훨씬 많고요. 특히 불치병에 걸린 어린 자식을 냉동 인간으로 보존하고 싶어 하는 부모들의 문의가 많다고 해요. 지금은 고칠 수 없지만 수십 년 후에는 치료가 가능할 거라는 희망을 갖는 거예요.

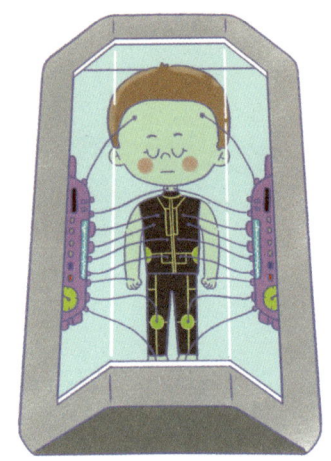

지난 2020년 우리나라에서도 최초의 냉동 인간이 나와 큰 관심을 끌었어요. 50대의 한 남성이 암으로 돌아가신 어머니를 냉동 인간으로 보존해 달라고 신청한 거예요. 현재 그의 어머니는 러시아에 있는 인체 냉동 센터에 보존 중이라고 해요.

현재 법적으로 살아 있는 사람은 냉동 인간이 될 수 없어요. 냉동 인간을 원하는 환자의 심장이 멈추면 온몸에 있는 피를 뽑고 그 대신 세포가 상하지 않게 보호해 주는 특수 액체를 넣어요. 그리고 영하 196도를 유지하도록 액체질소가 채워진 냉동 캡슐에 환자를 넣어 보관하지요.

냉동 인간 기술 중에서 가장 중요한 것은 세포를 상하지 않게 보존했다가 다시 그대로 살려 내는 거예요. 그런데 물은 얼면서 부피가 커지기 마련이에요. 사람의 세포도 많은 부분 수분으로 이루어져 있기 때문에 냉동 상태에서는 세포가 손상될 수 있어요.

꽁꽁 얼었던 세포를 다시 되돌리는 것도 문제예요. 특히 인간의 생존에서 가장 큰 역할을 하는 뇌 세포가 냉동 상태에서 깨어난 후에도 그대로 유지되도록 하는 것이 핵심이에요.

지금의 과학 발전 속도라면 2040년 정도면 최초로 냉동 상태에서 깨어난 사람을 볼 수 있을 거라고 예측하는 전문가들도 있답니다.

100년 뒤에 깨어나면 행복할까?

"난 열네 살밖에 안 됐어요.
죽고 싶지 않지만 곧 죽을 거라는 걸 알아요.
수백 년이 걸리더라도 냉동보존을 통해
다시 치료를 받고 살아날 기회를 얻고 싶어요."

암에 걸려 곧 죽음을 앞둔 영국의 한 소녀가 판사에게 보낸 편지 내용이에요. 이 소녀는 우연히 인터넷에서 냉동 인간 기술에 대해 알게 된 후 미래의 의료 기술로 자신의 병을 고칠 수 있을 거라는 기대를 갖게 되었어요. 소녀는 부모에게 자신을 냉동 보존해 달라고 요구했고 어머니는 동의했어요. 하지만 아버지는 몇 백 년 후 치료법이 개발돼 딸이 살아난다 해도 아는 사람 하나 없는 세상에서 사는 것은 의미가 없다며 반대했어요. 그러자 소녀와 어머니는 법원에 소송을 냈고 소녀는 판사에게 편지를 보내 자신의 간절한 바람을 전한 거예요. 결국 판사는 소녀의 소원을 받아들여 그의 시신을 냉동 보존하도록 허가했어요. 소녀는 판결 내용을 들은 지 얼마 후 평화롭게 죽음을 맞이했고 지금은 자신의 바람대로 냉동 보존되어 있는 상태랍니다. 100년 또는 200년 후에 깨어난 소녀는 행복한 삶을 살 수 있을까요?

우주 엘리베이터

16. 엘리베이터를 타고 우주여행을 간다고?

우주여행을 꿈꿔 본 적이 있나요?

러시아의 우주비행사 '유리 가가린'이 인류 최초로 지구를 벗어나 우주 비행에 성공한 것은 1961년이에요. 그 후 60여 년이 지난 지금까지 많은 우주선이 우주로 날아갔지요.

사람이 우주로 갔다가 다시 지구로 돌아오는 방법은 두 가지예요. 첫 번째는 로켓으로 쏘아 올린 우주선을 타고 우주에 머물다가 작은 캡슐을 타고 중력을 이용해 지구로 떨어지는 방법이에요. 땅이나 바다에 부딪히기 전에 낙하산이 펴지면서 캡슐이 안전하게 착륙하는 거예요.

그런데 이 방법은 우주선을 1회용으로만 사용한다는 점과 우주선이 우주를 향해 이륙할 때나 캡슐이 지구로 돌아올 때 폭발 또는 추락 등의 위험을 안고 있어요.

아하, 그렇구나!

그래서 개발된 것이 '우주 왕복선'이에요. 갔다가 돌아온다는 뜻의 '왕복'이라는 말처럼 우주로 날아간 우주선이 그대로 다시 지구로 돌아오는 방법이에요. 마치 비행기가 이륙했다가 비행을 마치고 착륙하는 것처럼 말이에요.

우주 왕복선 덕분에 인류는 더 자주 우주를 탐험할 수 있게 되었고 그 결과 우주에 '국제우주정거장'까지 만들어 놓았지요. 하지만 우주 왕복선 역시 우주선을 만들고 우주를 왕복하는 데 들어가는 비용이 매우 크다는 점과 폭발 위험은 여전히 남아 있는 문제예요. 게다가 우주선이 이륙할 때 대기 오염 물질을 많이 배출하기 때문에 지구 환경에도 좋지 않고요.

이런 이유로 최근 우주 개발에 힘을 쏟는 나라들이 활발하게 연구하고 있는 것이 '우주 엘리베이터'예요. 말 그대로 지구에서 엘리베이터를 타고 우주로 갔다가 다시 엘리베이터를 타고 지구로 돌아오는 방법이에요.

우주 엘리베이터가 성공적으로 개발될 경우 지구의 한 가운데인 적도에서 출발한 엘리베이터는 수직으로 올라가 지구에서 약 3만 6000 킬로미터 떨어진 정지궤도에 있는 정거장에 도착할 거예요. 정지궤도에 있는 물체가 지구의 자전과 똑같이 움직이면 지구에서 보았을 때 그 물체는 항상 멈춰 있는 것처럼 보이기 때문이에요. 바로 이곳에 인공위성처럼 정거장을 만들고 지구와 직선으로 케이블을 연결한 후 엘리베이터를 설치하면 되지요.

일본의 한 건설 회사는 2050년까지 30명이 탈 수 있는 우주 엘리베이터를 만들겠다고 발표하기도 했어요. 여러 나라가 우주 엘리베이터에 관심을 쏟는 이유는 우주 로켓이나 우주왕복선이 가지고 있는 한계를 극복할 수 있기 때문이에요. 즉 우주 엘리베이터를 이용하면 우주로 가는 비용은 우주 왕복선보다 100분의 1로 줄어들고 폭발의 위험도 사라질 테니까요.

2021년에 개봉한 우리나라 영화 〈승리호〉에는 지구에서 엘리베이터를 타고 우주로 향하는 사람들의 모습이 매우 구체적으로 등장해요. 영화처럼 특별한 훈련을 받지 않고도 엘리베이터를 타고 안전하고 편하게 우주여행을 다녀올 날도 그리 멀지 않은 것 같죠?

우주 엘리베이터의 핵심은 케이블?

　우주 엘리베이터는 말처럼 간단한 기술이 아니에요. 엘리베이터를 움직이는 데 어떤 에너지를 사용할 것인지, 우주에서 운석이나 우주 쓰레기가 날아와 부딪히는 경우를 어떻게 대비할지 등 갖춰야 할 것이 많아요.

　무엇보다 가장 중요한 것은 우주와 지구를 연결하는 케이블, 즉 굵은 줄을 만드는 기술이에요. 현재 주목 받고 있는 물질은 철보다 약 100배 더 강하지만 무게는 훨씬 가볍다고 알려진 '탄소나노튜브'예요. 탄소나노튜브를 이용하거나 또는 그보다 더 강한 물질을 찾게 되면 우주 엘리베이터를 안전하게 이동시킬 케이블을 만들 수 있을 거라고 하네요.

감기, 독감

17. 독감은 독한 감기가 아니라고?

여러분은 감기에 자주 걸리는 편인가요?

아침에 잠에서 깬 후부터 목이 따끔거리고 콧물도 흐르고 평상시보다 체온도 좀 높아요. 혹시 감기에 걸린 걸까요? 독감은 아니어야 할 텐데요.

흔히 독감을 '독한 감기'라고 여기기도 해요. 감기나 독감에 걸리면 처음에 몸에 나타나는 증상이 비슷하니까요.

하지만 감기와 독감은 전혀 다른 질병이에요. 즉 원인도 다르고 치료법도 다르지요.

　　감기와 독감은 우리 몸에 바이러스가 들어와서 생기는 병이에요. 바이러스는 식물이나 동물 세포에 붙어야 살아남을 수 있는 아주 작은 미생물이에요. 그런데 감기와 독감의 원인이 되는 바이러스는 그 종류가 전혀 달라요.

　　감기를 일으키는 바이러스는 지금까지 밝혀진 것만 해도 200가지가 넘는다고 해요. 종류가 많은 만큼 감기를 미리 막을 수 있는 백신(vaccine/전염병에 대하여 인공적으로 면역을 주기 위해 몸에 투여하는 물질)을 따로 만들기가 어려워요. 감기 바이러스가 몸에 들어오면 대부분의 경우 목이 아프거나 콧물, 기침 등의 증상이 나타나고 일주일 정도가 지나면 자연스럽게 몸이 회복되지요.

　　독감은 독한 감기가 아니라 감기와는 전혀 다른 '인플루엔자'라고 하는 바이러스 때문에 생기는 질병이에요. 전염성이 강한 인플루엔자 바이러스의 종류는 크게 A형, B형, C형으로 구분돼요. 독감에 걸리면 열이 크게 오르거나 온몸에 통증을 느끼는 등 감기보다 훨씬 심한 증상이 나타나요. 특히 면역력이 약한 사람이 독감에 걸리면 폐렴 같은 다른 질병으로 이어질 수도 있어서 특별히 주의를 기울여야 하지요.

다행히 독감은 백신을 통해 미리 전염을 막을 수 있고 독감에 걸렸을 경우 증상을 낮게 하는 치료제도 개발되었어요.

이렇게 감기와 독감은 다른 질병이지만 예방하는 방법은 같아요. 바이러스가 몸에 들어오는 것을 막기 위해서는 손을 자주 씻는 등 항상 몸을 깨끗이 하는 것이 중요하니까요. 바이러스는 주로 호흡기를 통해 우리 몸으로 들어오기 때문에 기침이나 재채기를 할 때는 휴지나 옷소매로 입을 가리는 것도 함께 지켜야 할 약속이지요. 사람이 많은 곳에 갈 때는 마스크를 쓰는 것도 잊지 말아야겠죠?

 ## '코로나19'도 원래는 감기 바이러스?

감기나 독감 바이러스는 강한 전염성을 가진 새로운 종류로 변하기도 해요. 최근 팬데믹을 일으킨 '코로나19'도 감기 바이러스가 변한 거예요. 둥근 표면에 뾰족하게 도드라진 모양이 마치 '왕관(코로나/corona)'처럼 생겼다고 해서 '코로나 바이러스'라는 이름을 붙였지요.

코로나 바이러스는 대부분 일반 감기를 일으키지만 심각한 호흡기 질환을 일으키는 새로운 종류의 바이러스로 변하기도 해요. 지난

2019년 12월, 중국에서 처음 시작돼 빠른 속도로 세계 곳곳에 퍼진 '코로나19' 역시 감기 바이러스의 한 종류였던 '코로나 바이러스'가 새롭게 변하면서 생겨난 질병이에요.

세계보건기구(WHO-World Health Organization)는 2019년 발생한 새로운 종류의 코로나 바이러스 감염증의 공식 명칭을 'COVID-19'로 발표했어요. 'CO'는 '코로나(corona)', 'VI'는 '바이러스(virus)', 'D'는 '질환(disease)', '19'는 '2019년'을 의미하지요.

우리나라에서는 '코로나바이러스감염증-19'를 줄여서 '코로나19'로 나타내고 있답니다.

디지털 치료제

18. 게임으로 병을 치료한다고?

여러분은 일주일 동안 게임하는 시간이 얼마나 되나요? 설마 게임 중독은 아니겠죠?

지나치게 게임을 하느라 일상생활에 방해가 되거나 스스로 게임 시간을 조절하지 못하는 경우를 흔히 '게임 중독'이라고 해요. 게임 중독을 치료가 필요한 심각한 증상으로 여기기도 하지요.

하지만 그 반대라면 어떨까요? 스마트폰이나 컴퓨터로 게임을 하면서 오히려 다른 병을 치료할 수 있다면 말이에요.

아하, 그렇구나!

실제로 우울증 치료를 위해 대화형 판타지 게임을 활용하는 등 게임을 통해 여러 가지 질병을 고치는 '디지털 치료제' 기술이 활발하게 개발되고 있어요.

미국에서는 '인데버 RX'라는 게임이 '주의력 결핍 및 과잉 행동 장애' 증상을 겪고 있는 어린이를 위한 치료제로 인정받았어요. '인데버 RX'는 다양한 캐릭터 중 한 명을 선택해 보드를 타고 레이싱을 하면서 악당을 물리치는 게임이에요. 겉으로 보기에는 어린이들이 평상시 즐기는 신나는 게임 같지만 사실 뇌 속에 특정한 신경을 자극하도록 특별히 설계된 프로그램이지요.

게임뿐 아니라 스마트폰 앱이나 가상현실(VR-Virtual Reality) 기술을 활용해 질병을 치료하는 방법도 디지털 치료제에 속해요. 비만이나 당뇨 같은 질병을 관리해 주는 스마트폰 앱은 이미 많은 사람이 이용하고 있어요. 의사 선생님들이 암 환자들을 위해 직접 개발한 앱도 있어요. 이 앱은 의사가 처방한 약을 환자들이 규칙적으로 먹을 수 있도록 관리해 주는 것은 물론 환자의 심리적인 안정을 돕는 게임과 채팅 기능도 있다고 해요.

환자들의 신체적 고통을 덜어주기 위한 디지털 치료제로 '스노월드'라는 가상현실 영상 게임이 개발되기도 했어요. 환자가 상처를 치료 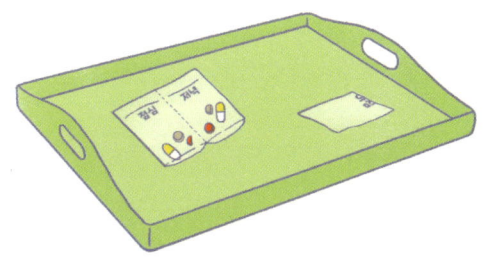 받을 때 겪는 심한 고통을 이겨내도록 개발된 이 게임은 실험 결과 먹는 약이나 주사보다 더 큰 진통 효과가 있었다고 해요.

하지만 아무리 재미있는 게임이라도 디지털 치료제는 환자를 치료하는 목적으로 개발된 약이에요. 환자가 몸이 아파서 치료를 받거나 약을 먹을 때 병원에서 정확한 진단과 처방을 받는 것처럼 디지털 치료제 역시 의사의 처방이 꼭 필요하답니다.

게임 중독은 질병일까?

지난 2019년 세계보건기구(WHO)는 게임 중독을 '게임 이용 장애'라는 이름의 질병으로 인정했어요. 이와 같은 결정에 대해 찬성하는 사람도 많아요. 게임 중독은 개인뿐 아니라 사회에도 부정적인 영향을 준다는 점에서 병으로 보는 것이 바람직하다는 입장이지요.

사기나 폭력 등 게임 중독 때문에 일어나는 범죄가 사회적으로 문제가 되기도 해요. 따라서 게임 중독을 질병을 분류하면 이를 예방하고 치료할 수 있는 체계적인 방법이 마련될 수 있다는 거예요.

반면 게임은 정보화 시대에 빼놓을 수 없는 중요한 산업이기 때문에 '질병'이라는 부정적인 평가를 내리는 것에 반대하는 목소리도 크지요. 게임은 많은 사람이 즐기는 문화이고 오히려 일상에서 겪는 스트레스를 해소하는 놀이로 봐야 한다는 주장이에요.

게임 중독을 어느 정도부터 질병으로 볼 것인지 명확한 기준을 마련하기 어렵다는 점을 반대 이유로 들기도 해요.

여러분의 생각은 어떤가요?

박쥐

19. 박쥐야, 너는 새니? 쥐니?

어느 날 숲속에서 땅에서 사는 길짐승과
하늘을 날아다니는 날짐승 사이에 다툼이 벌어졌어요.

여우, 호랑이 같은 길짐승의 힘이 커지자
박쥐는 "나도 너희처럼 새끼를 낳는 동물이란다."라면서
길짐승 편을 들었어요.

하지만 곧 독수리, 부엉이 같은 날짐승이 이기는 상황이 되자
박쥐는 "내 날개를 좀 보렴. 나도 너희처럼 하늘을 나는
새란다."라고 우기며 날짐승 편을 들었지요.

얼마 후 길짐승과 날짐승은 서로 화해하기로 했어요.
하지만 박쥐는 어느 쪽에도 끼지 못한 채
어두운 동굴 속에서 외롭게 살아야 했답니다.

아하, 그렇구나!

〈이솝 우화〉에 나오는 '박쥐' 이야기예요. 자기의 이익만 생각하고 비겁하게 행동하는 사람을 '박쥐같다'라고 표현하는 것은 이야기처럼 박쥐의 모습이 새와 쥐를 모두 닮았기 때문이에요.

실제로 박쥐는 길짐승과 날짐승 중 어떤 쪽에 속하는 동물일까요? 결론부터 말하면 박쥐는 날짐승 즉, 새가 아니에요. 그렇다고 이름처럼 쥐가 속해 있는 설치류도 아니지요.

박쥐는 새끼를 낳고 젖을 먹여 키우는 포유류 중에서 유일하게 하늘을 나는 동물이에요. '비막'이라고 부르는 박쥐의 날개는 깃털로 된 새들의 날개와 다르게 앞다리의 기다란 손가락 사이에 붙어 있는 피부예요. 앞다리에서 뒷다리, 꼬리까지 비막이 이어져 있어요. 박쥐는 부드러운 비막을 펼쳐서 자유롭게 방향을 바꾸거나 빠르게 이동할 수 있는 거예요.

박쥐는 추운 극지방을 제외하고 전 세계에서 볼 수 있어요. 주로 밤에만 활동하는 특성 때문에 우리 눈에 쉽게 띄지는 않지만 우리나라에도 여러 종류의 박쥐가 살고 있지요. '황금박쥐'라는 별명으로 더 유명한 '붉은박쥐'는 우리나라에서 그 모습을 드러낼 때마다 화제가 되기도 해요. 붉은박쥐는 세계 멸종위기 1급 동물이기 때문이지요.

서양에서는 만화와 영화 속 영웅 캐릭터인 '배트맨'을 제외하고 박쥐를 마녀나 드라큘라처럼 대부분 안 좋은 이미지와 연관 짓는 경우가 많아요.

하지만 우리나라와 중국에서는 오래 전부터 박쥐를 '복'과 '행운'을 가져다주는 상징으로 여겼어요. 그래서 그림에 박쥐를 그려 넣거나 가구나 그릇에도 박쥐 모양의 무늬를 새겼지요.

혹시 집에 옛날 100원짜리 동전이 있다면 그 속에서도 박쥐 무늬를 찾을 수 있을 거예요.

 박쥐가 사라지면 안 된다고?

박쥐는 사람과 자연에 큰 도움을 주는 동물이에요. 대부분의 박쥐는 날아다니는 곤충을 먹이로 삼아요.

환경부 조사에 따르면 집박쥐 한 마리가 매일 밤 잡아먹는 모기는 무려 3,000마리가 넘는다고 해요. 따라서 농경지 근처에 사는 박쥐는 농사에 피해를 주는 곤충을 없애는 살충제 역할을 톡톡히 하지요.

또한 박쥐는 망고, 바나나 같은 과일 나무를 옮겨 다니면서 수분(꽃가루받이. 종자식물에서 수술의 꽃가루가 암술머리에 옮겨 붙는 일로 바람, 곤충, 새, 또는 사람의 손에 의해 이루어짐)을 도와 열매를 맺게 하기도 해요.

이런 이유로 박쥐는 지난 2008년 동식물 전문가들이 뽑은 지구에서 가장 중요한 생물 다섯 종에 들기도 했답니다.

'코로나19'는 박쥐 탓?

'코로나19'를 최초로 사람에게 옮긴 매개체가 박쥐일 수도 있다는 결과가 발표되면서 박쥐에 대한 시선이 곱지 않아요. '코로나19'로 많은 사람이 피해를 본 것은 사실이지만 정말 박쥐의 잘못일까요?

'바이러스의 저수지'라는 별명을 가졌을 만큼 박쥐는 130가지가 넘는 바이러스를 가지고 있는 동물이에요. 그중에는 사람에게 병을 일으키는 바이러스도 60가지가 넘어요. 박쥐는 특별한 면역 체계를 가지고 있어 바이러스에도 별다른 이상이 없지만 사람에게 옮겨질 경우 때로는 '코로나19'처럼 심각한 증상이 나타나기도 해요.

문제는 야생 동물인 박쥐와 사람의 접촉이 늘고 있다는 거예요. 환경 파괴와 개발 때문에 살던 곳을 잃게 된 박쥐가 도시에서 발견되는 일도 자주 있어요. 또 관광을 이유로 박쥐가 살고 있는 동굴에 많은 사람이 드나들기도 하고요.

동물이 가지고 있는 바이러스가 사람에게 옮겨지는 것을 막기 위해서는 야생 동물과 자연을 대하는 사람의 태도가 먼저 바뀌어야 하는 것은 아닐까요?

20. 지구가 살아 있다고?

학교에서 '지진 대피 훈련'을 경험해 본 적 있을 거예요.

지진은 사람에게 피해를 주기도 하는 무서운 현상이지만 알고 보면 지구가 살아 있다는 증거이기도 해요. 지구 안쪽에서 일어나고 있는 운동이 바깥으로 드러난 결과니까요.

지구 속은 크게 '지각', '맨틀', '핵' 이렇게 세 부분으로 이루어져 있어요. 가장 바깥에 있는 '지각'은 딱딱한 땅이에요. 집과 건물 등을 짓는 대륙은 물론 깊은 바다 아래에도 지각, 즉 땅이 있어요. 그리고 지각 아래 있는 것은 두꺼운 '맨틀'이에요. 지구는 안쪽으로 들어갈수록 뜨겁기 때문에 맨틀은 딱딱한 암석이 마치 젤리처럼 말랑말랑하게 녹아 있는 상태라고 보면 돼요. 맨틀을 지나 지구 중심에 가까이 가면 '핵'이 존재하지요.

아하, 그렇구나!

 지진은 지구의 껍질에 해당하는 지각이 흔들리는 현상이에요. 지각은 퍼즐 조각처럼 크기가 다양한 여러 개의 판으로 되어 있어요. 평소에는 느낄 수 없지만 이 판들은 지금도 계속 움직이는 중이에요. 그 이유는 판 아래에 있는 맨틀의 '대류 현상' 때문이에요.

 '대류'란 물질이 따뜻해지면 위로 올라가고 차가워지면 아래로 내려가는 현상을 말해요. 맨틀은 두껍고 말랑말랑한 상태로 되어 있는데 안쪽의 뜨거워진 맨틀은 바깥쪽으로 움직이고, 지구의 판 바로 아래에 있는 맨틀은 식으면서 아래로 내려가지요.

 이런 대류 현상으로 맨틀이 움직일 때 지구의 겉껍질에 해당하는 판들이 함께 움직이는 거예요. 특히 판과 판이 만나는 경계에 해당하

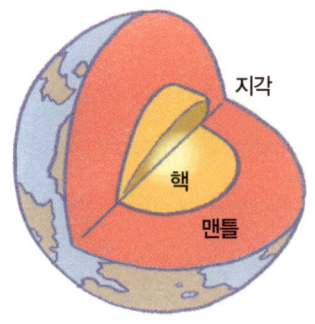

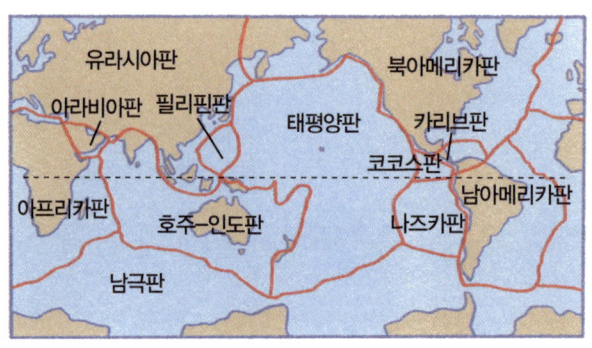

는 곳은 맨틀이 움직일 때 가장 심하게 흔들리게 돼요. 이때 땅이 갈라지거나 끊어지는 것이 '지진'이에요.

지진은 바닷속에 있는 땅에서도 일어나요. 바닷속에서 큰 지진이 날 경우 진동 때문에 바다 위에서 큰 파도가 나타나기도 하는데 이것을 '해일' 또는 '쓰나미'라고 해요. 이웃 나라 일본에 지진과 해일이 자주 발생하는 이유는 일본이 바로 판과 판이 만나는 경계에 위치한 나라이기 때문이지요.

최근에는 우리나라도 더 이상 지진으로부터 안전한 곳이 아니라는 소식이 들리고 있어요. 따라서 지진을 두려워만 하지 말고 정확한 예측과 대비를 통해 피해를 줄이는 것이 중요하답니다. 지진 대피 훈련에 진지하게 참여하는 것도 잊지 말아야겠죠?

백두산도 폭발할 수 있다고?

'화산'은 뜨거워진 맨틀 덩어리가 액체 상태인 '마그마'로 변해 가장 약한 땅 사이를 뚫고 나오는 폭발 현상이에요. 마그마가 폭발하면서 여러 가지 물질이 쌓여 만들어진 높은 땅도 '화산'이라고 하지요. 우리나라의 '제주도, 울릉도, 독도'는 물론 휴양지로 유명한 '하와이'도 바다 밑에서 일어난 마그마의 폭발로 만들어진 '화산섬'이에요. 특히 하와이는 지금도 화산 활동이 활발한 곳이라서 항상 폭발에 대비해야 하지요.

화산이 폭발할 때 마그마가 액체 상태 그대로 땅 밖으로 흘러나오거나 시간이 지나 돌처럼 굳어진 것을 '용암'이라고 하는데 제주도에서 쉽게 볼 수 있는 구멍투성이의 검은 돌 역시 용암이 굳어져 만들어진 거예요.

최근 우리나라 영화 〈백두산〉의 내용처럼 실제로 백두산의 화산 폭발을 걱정하는 목소리도 커지고 있어요. 시기와 규모에 대해서는 조금씩 의견이 다르지만 백두산 폭발이 가능하다고 여기는 전문가들도 많다고 하네요.

바닷물

21. 바닷물은 왜 짤까?

바닷물을 맛본 경험이 있나요?

바다에서 놀다가 실수로 바닷물이 입에 들어가면 진한 소금물을 마신 것처럼 짠맛이 느껴져요.

옛날 사람들은 바닷물이 짠 이유를 상상하면서 바닷물에 빠진 요술 맷돌이 멈추지 않고 돌며 계속 소금을 만들어 내기 때문이라는 재미있는 이야기를 만들어 내기도 했지요.

그런데 이 이야기가 아주 말이 안 되는 건 아니에요. 바닷물 속에는 진짜 소금이 들어 있거든요.

아하, 그렇구나!

 좀 더 정확히 말하면 소금에 해당하는 '염화나트륨'을 비롯해 염화마그네슘, 황산칼슘, 황산칼륨 같은 물질이 바닷물에 녹아 있어요. 이런 물질을 '염류'라고 하는데 그중에 짠맛을 가진 소금, 즉 염화나트륨이 가장 많기 때문에 바닷물도 짠맛이 나지요.

 염류는 땅에 있는 바위에 많이 들어 있는데 지구가 생겨난 뒤부터 비가 내릴 때마다 바위에 있는 염류가 씻겨 강물과 함께 바다로 흘러 들어간 거예요. 바다 밑에 있던 화산이 폭발할 때 나오는 물질에도 염류가 포함되어 있고요.

 소금은 바닷물의 일부가 햇볕을 받아 수증기가 되어 공기로 날아가고 바닷물에 들어 있는 소금 성분이 남는 원리로 만들어진 거예요. 정해진 장소에 바닷물을 가두어 두고 물을 증발시키면 소금 결정체가 생겨요. 이렇게 바닷물로 만든 소금을 '천일염'이라고 해요.

 소금의 양은 바다의 위치에 따라 조금씩 달라요. 우리나라도 서해보다 동해의 소금 농도가 더 높아요. 아라비아반도 북쪽에 위치한 이스라엘과 요르단 사이에 있는 '사해'라는 바다는 바닷물에 섞여 있는 소금의 양이 너무 많아서 생물이 살 수 없을 정도라고 해요. 그래서 이름도 '죽은 바다'라는 뜻의 '사해'지요. 하지만 사해도 장점이 한 가지 있어요. 물에 섞인 소금의 양이 많을수록 뜨는 힘, 즉 부력이 더 크다는 거예요. 따라서 수영을 못하는 사람이라도 사해에서는 저절로 몸이 뜨기 때문에 누워서 책을 읽을 수 있을 정도랍니다.

목이 마를 때 바닷물을 마시면 왜 안 될까?

아무리 목이 마르다고 해도 바닷물을 마시면 안 되는 이유는 탈수 현상 때문이에요. 사람의 몸속에도 염류가 있는데 항상 같은 농도를 유지하도록 되어 있어요. 따라서 염류 농도가 높은 바닷물을 마실 경우 농도를 낮추기 위해 훨씬 많은 맹물을 마셔야 몸속의 염류 농도를 일정하게 유지할 수 있지요.

그렇지 않으면 농도가 낮은 곳에서 높은 곳으로 이동할 때 생기는 압력인 '삼투압' 현상으로 몸속의 염류, 즉 나트륨이 빠져나가는 탈수 현상을 겪게 돼서 매우 위험하답니다.

달

22. 지구에서는 달의 뒷모습을 볼 수 없다고?

"나는 누구일까요?

나는 지구의 친구예요.
지구에서 약 38만 킬로미터 떨어져 있지요.
크기는 지구의 4분의 1이고,
중력은 지구의 6분의 1이에요.
나는 우주에서 사람이 지구 외에
직접 발자국을 남긴
유일한 천체예요.

나는 누구일까요?"

 아하, 그렇구나!

우주에는 크게 세 가지 천체가 있어요. '항성', '행성', '위성'이지요. '항성'은 스스로 빛을 내는 천체를 말해요. 우리가 '별'이라고 하는 것도 알고 보면 항성을 말하는 거예요. 그리고 항성 주위를 도는 것을 '행성', 행성 주위를 도는 것은 '위성'이라고 해요. 따라서 '태양'은 '항성', 태양 주위를 돌고 있는 '지구'는 '행성', 지구 주위를 돌고 있는 '달'은 '위성'이지요.

달은 태양과 다르게 스스로 빛을 내지 못해요. 하지만 밤에 지구에서 바라보는 달이 밝게 보이는 이유는 달에 햇빛이 반사되기 때문이에요. 얇은 눈썹을 닮은 초승달부터 쟁반같이 둥근 보름달까지 달의 모양이 변하는 것도 날짜에 따라 태양과 지구와 달의 위치가 달라지기 때문에 일어나는 현상이지요.

맑은 밤하늘에 뜬 둥근 달을 바라보면 옛날이야기처럼 '방아 찧는 토끼'나 '두꺼비' 모습이 보이는 것 같기도 해요. 하지만 천체 망원경으로 달을 자세히 관찰하면 토끼나 두꺼비는커녕 울퉁불퉁한 땅만 보일 뿐이에요.

　달의 표면에서 어둡게 보이는 부분과 밝게 보이는 부분은 암석의 색깔과 땅의 높이가 다르기 때문이에요. 특히 달에서 비교적 평평하고 어두운 부분은 '달의 바다'라고 불리지요. 하지만 지구처럼 정말 물이 있는 바다는 아니에요. 또한 달에는 '크레이터'라고 하는 구덩이가 많이 있어요. 크고 작은 크레이터는 달이 운석과 충돌하거나 달의 화산이 폭발하면서 생긴 것들이에요.

　달은 지구처럼 둥근 공 모양이지만 그동안 지구에서 바라본 달은 항상 한쪽 모습뿐이었어요. 달을 사람의 머리라고 할 경우 우리는 항상 달의 얼굴만 볼 수 있는 거예요. 옛날이나 지금이나 지구 어느 곳에서나 지구에서 달의 뒷모습을 본 사람은 없어요. 그 이유는 달이 지구 주위를 한 바퀴 도는 동안 달 스스로도 딱 한 바퀴를 돌기 때문이에요. 즉 달의 공전과 자전 주기가 같다는 뜻이에요. 예를 들어 지구와 달이 서로 손을 잡은 채 마주 본 상태에서 달이 지구 둘레를 한 바퀴 돌면 지구는 항상 달의 얼굴만 바라보게 되는 것과 같답니다. 어때요, 달의 뒷모습이 어떤지 궁금하지 않나요?

달의 뒷모습이 궁금하다면?

사실 달의 뒷모습은 이미 70여 년 전에 공개됐어요. 지구에서 보낸 우주 탐사선이 달의 뒷모습을 찍은 사진을 보내 준 덕분이지요. 그동안 달에 직접 발자국을 찍은 지구인도 12명이나 돼요. 사진이나 영상으로 확인한 달의 뒷모습은 그동안 지구에서 본 달과는 매우 달랐어요. 평평한 달의 바다는 거의 없고 훨씬 더 많은 크레이터로 온통 울퉁불퉁했거든요.

최근에는 무인 탐사선과 탐사 로봇이 달에 착륙해 조사를 벌이기도 하고, 연구 자료로 활용하기 위해 달의 토양과 암석을 직접 가지고 지구로 돌아오기도 했어요.

지금도 달의 뒷면에는 사람을 대신해 열심히 달을 탐사하고 있는 로봇이 있지 않을까요?

태풍

23. 태풍도 이름이 있다고?

"제9호 태풍 '마이삭'과 10호 태풍 '하이선'이 우리나라에 많은 피해를 입혔습니다."

"제12호 태풍 '돌핀'이 발생했지만 한반도로 북상하지는 않을 것으로 예상됩니다."

이처럼 매년 여름 무렵이면 뉴스에서 태풍 소식을 자주 듣곤 해요. '태풍'은 보통 7월에서 9월 사이 북태평양 남서쪽에서 발생하여 아시아 대륙 동부로 다가오는 '열대성 저기압'을 가리키는 말이에요.

태풍은 거센 바람과 함께 많은 비를 뿌리기 때문에 큰 피해를 주기도 하지요.

 아하, 그렇구나!

  한번 발생한 태풍은 며칠 동안 계속되기도 하고 한 지역에서 여러 개의 태풍이 동시에 생겨나기도 해요. 따라서 태풍을 구분하기 위해 각각 이름을 붙이기 시작했어요. 지난 2000년부터는 태풍의 영향을 받는 14개 국가가 10개씩 제출한 140개의 이름을 다섯 개의 조로 나누어 순서대로 사용하고 있어요. 매년 처음 발생하는 태풍을 1호로 두고 차례대로 이름을 붙여 주는 거예요. 예를 들어 2020년 발생한 첫 번째 태풍의 이름은 마카오에서 제출한 이름 '봉퐁'이었고, 같은 해 우리나라에 큰 피해를 준 아홉 번째 태풍 '마이삭'은 캄보디아, 열 번째 태풍 '하이선'은 중국이 낸 이름이었어요. 각 나라의 언어로 '봉퐁'은 '말벌', '마이삭'은 나무 이름, '하이선'은 '바다의 신'이라는 뜻을 가지고 있어요.

  우리나라가 제출한 태풍 이름은 '개미', '나리', '장미', '미리내', '노루', '제비', '너구리', '고니', '메기', '독수리'예요. 사실 우리말로 된 태풍은 모두 20개예요. 북한에서도 우리말로 된 10개의 태풍 이름을 제출했기 때문이지요. '기러기', '도라지', '갈매기', '수리개', '메아리', '종다리', '버들', '노을', '민들레', '날개'가 북한이 지은 태풍 이름이에요.

1년에 30번 정도 태풍이 발생하기 때문에 4~5년이 지나 140개 태풍 이름이 모두 사용되면 다시 처음으로 돌아가지요. 마이삭과 하이선도 지난 2015년에 발생한 태풍이었는데 5년이 지난 2020년에 돌아온 이름이에요. 그런데 다시는 볼 수 없는 태풍 이름도 있어요. 그 해 막대한 피해를 준 태풍의 이름은 매년 열리는 '태풍위원회'의 합의를 통해 퇴출시키기 때문이에요. 지난 2002년 우리나라에 큰 피해를 입힌 태풍 '루사(사슴)'는 말레이시아에서 제출한 이름이었지만 지금은 '누리(앵무새)'로 바뀌었어요. 북한에서 낸 태풍 이름 '매미'는 2003년 퇴출된 후 '무지개'로 바뀌었다가 태풍 '무지개'가 2015년 중국에 큰 피해를 입히자 지금의 '수리개(독수리와 비슷한 새 종류인 솔개의 북한식 이름)'로 또 바뀐 거예요. 우리나라에서 낸 태풍 이름 '나비'와 '수달'도 피해가 큰 태풍이었다는 이유로 '독수리'와 '미리내'로 바뀐 거랍니다.

'허리케인' 이름은 어떻게 붙여질까?

　여름에서 가을 사이, 열대지방 바다에서 큰 바람과 많은 비를 몰고 오는 '열대성 저기압'은 발생하는 곳에 따라 부르는 이름이 달라요. 북태평양 남서쪽에서 시작해 우리나라와 일본, 중국 등으로 다가오는 열대성 저기압은 '태풍'이라고 해요.

한편 북태평양 동쪽과 대서양 서쪽에서 주로 미국에 영향을 주는 열대성 저기압은 '허리케인'이라고 해요. 또한 인도양과 오스트레일리아에서 발생하는 열대성 저기압은 각각 '싸이클론'과 '윌리윌리'라고 부르지요.

미국은 부르고 기억하기 쉽도록 허리케인에 사람의 이름을 붙여요. 매년 알파벳 첫 글자로 시작하는 이름을 지어 발표하지요. 예를 들어 2020년 허리케인의 이름은 아서(Arthur), 버사(Bertha), 크리스토발(Cristobal) 등으로 지어서 발표했어요. 단 'Q, U, X, Y, Z'는 사람 이름의 첫 글자로 사용되는 경우가 없기 때문에 알파벳 26개 중 5개를 뺀 21개의 이름만 만들지요.

예전에는 허리케인이 약하게 지나가기를 바라는 의미로 여성 이름만 사용했다고 해요. 하지만 사람들에게 피해를 주는 허리케인에 여성 이름을 붙이는 것은 성차별이라는 주장이 나오면서 지금은 남녀 이름을 번갈아 사용하고 있답니다.

북극, 남극

24. 북극에는 펭귄이 살지 않는다고?

지구의 북쪽 끝과 남쪽 끝을 가리켜 각각 '북극'과 '남극'이라고 해요.

보통 북극과 남극이라고 하면 둘 다 눈과 얼음으로 뒤덮인 하얀 땅을 떠올리지만 사실 북극은 땅이 아니라 바다예요.

그래서 '북극해', '남극 대륙'으로 불리지요.

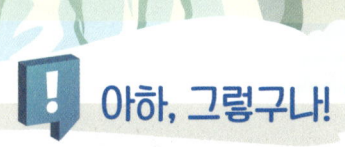

　지구를 가로로 나누었을 때 가장 가운데인 적도에서 위아래로 멀어질수록 햇빛을 받는 면적이 작아 기온이 낮아져요. 따라서 북극의 바닷물이 추위 때문에 얼기도 하고 러시아나 미국의 알래스카처럼 북극에 가까운 땅 위에 오랫동안 눈이 쌓이면서 커다란 얼음이 만들어지기도 해요. 이 얼음이 갈라져 북극 바다 쪽으로 떠내려가는 것을 '빙하'라고 하지요.

　만약 남극이 하나의 나라라면 남극은 세계에서 두 번째로 넓은 땅을 가진 나라가 될 거예요. 남극은 세계에서 가장 큰 나라인 러시아보다는 작지만 캐나다, 미국, 중국보다 크거든요.

　이처럼 남극은 육지라서 얼음에 반사되는 햇빛의 양이 많고 햇빛에 데워진 땅도 바다인 북극보다 더 빨리 식어요. 따라서 같은 극지방이지만 남극이 북극보다 더 추워요. 북극의 평균 기온은 영하 35도 정도인데 남극의 평균 기온은 영하 55도라고 해요. 북극에는 아주 오래 전부터 이누이트족, 사모예드족, 라프족 같은 원주민이 살지만 남극에는 사람이 살지 않는 것도 너무 추운 날씨 때문이에요.

이처럼 남극은 그동안 역사나 전통을 가진 나라가 존재한 적이 없기 때문에 세계 지도를 만들 때도 대부분 나타내지 않는 경우가 많지요.

　환경의 차이만큼 북극과 남극에 살고 있는 동물도 달라요. 북극을 대표하는 동물은 '북극곰'이에요. 북극곰의 하얀 털은 북극의 추위와 바람을 이길 수 있게 해 주지요. 반면 북극곰의 피부는 햇빛을 흡수하기 좋은 검은색이에요.

　북극에는 북극곰 외에도 북극여우, 순록, 늑대 같은 동물이 육지에 살고 있어요. 바다코끼리나 물범 같은 동물은 바다와 육지를 오가며 사는 북극 동물이에요.

한편 남극을 대표하는 동물은 '펭귄'이에요. 가장 유명한 황제펭귄 외에도 젠투펭귄, 턱끈펭귄, 마카로니펭귄, 아델리펭귄 등 남극에 사는 펭귄의 종류도 다양해요. 펭귄은 추운 남극에만 사는 동물은 아니에요. 남아메리카의 페루와 칠레 바닷가는 물론 오스트레일리아, 뉴질랜드에도 펭귄이 살고 있어요. 날씨가 더운 아프리카 남쪽도 펭귄의 서식지(생물이 일정한 곳에 자리를 잡고 사는 곳)에 해당해요. 이처럼 펭귄은 주로 지구 남쪽에서 볼 수 있는 동물이에요.

만약 남극 펭귄을 북극으로, 북극곰을 남극으로 보내면 어떨까요? 영하로 떨어지는 추운 날씨와 빙하가 떠다니는 바다의 모습이 비슷하니까 별문제 없이 잘 적응하며 살 수 있을까요? 아마 달라진 환경에서 펭귄과 북극곰이 먹이를 구하기가 결코 쉽지는 않을 거예요. 주변에 사는 다른 동물에게 쉽게 잡아먹힐 수도 있고요.

북극에 사는 펭귄과 남극에 사는 북극곰을 상상하기 전에 우리가 먼저 기억해야 할 것이 있어요. 바로 지구 온난화 때문에 북극과 남극의 기온이 올라 점점 빙하가 녹기 시작해 북극곰과 펭귄이 자기 고향에서도 살아남기 힘들어지고 있다는 사실 말이에요.

북극과 남극에 태극기가 꽂혀 있다고?

'다산과학기지'는 우리나라가 2002년 북극에 세운 연구소예요. 조선 후기 학자였던 정약용의 호(본명 외에 쓰는 이름) '다산'을 본떠 이름을 붙인 거예요. 주로 북극의 기후를 관측하거나 석유, 천연 가스 같은 북극의 자원을 연구하는 활동을 하고 있어요.

남극에는 두 곳의 대한민국 연구소가 있어요. 1988년에 세운 '세종과학기지'와 2014년에 만들어진 '장보고과학기지'예요. 각각 조선의 네 번째 왕이었던 '세종'과 신라 때 바다에서 큰 활약을 펼쳤던 '장보고' 장군의 이름을 붙였지요. 남극과학기지의 주요 활동은 남극의 생물 탐사, 운석 탐사, 빙하 연구, 우주과학 연구 등이랍니다.

십간, 십이지

25. 임진왜란은 임진년에 일어난 전쟁이라고?

임진왜란, 병자호란, 을사늑약, 갑오개혁…

이 말들은 조선 시대 역사를 다룰 때 나오는 내용으로 모두 네 글자로 되어 있어요. 이때 '왜란, 호란, 늑약, 개혁' 등 뒤에 나오는 두 글자는 일어난 사건을 나타내는 한자어예요. 예를 들어 '왜란'은 왜(일본의 옛 이름)가 일으킨 난리, 즉 일본이 조선을 침략한 전쟁이라는 뜻이고, '늑약'은 다른 나라와 억지로 맺은 조약을 말해요.

그렇다면 앞의 두 글자인 '임진, 병자, 을사, 갑오'에는 어떤 의미가 담겨 있을까요? 바로 그 일이 일어난 연도를 나타내는 말이에요.

왜란이 일어난 1592년은 '임진년', 일본이 우리나라와 강제로 조약을 맺은 1905년은 '을사년'이에요.

 아하, 그렇구나!

 임진년에서 앞 글자 '임'은 '십간'이라고 하는 열 개의 글자 중 하나로 '갑, 을, 병, 정, 무, 기, 경, 신, 임, 계'가 그 순서예요. 임진년에서 뒤에 붙는 '진'은 '십이지', 즉 하늘을 열두 방향으로 나눈 글자 중 하나예요. '자, 축, 인, 묘, 진, 사, 오, 미, 신, 유, 술, 해'로 그 순서를 나타내지요.

 특히 십이지는 쥐, 소, 호랑이 등 열두 가지 동물을 의미하기도 해요. 태어난 해에 따라 '토끼띠', '호랑이띠' 등의 표현을 쓰는 것도 그런 이유 때문이에요.

 십간에 해당하는 글자는 앞에, 십이지에 해당하는 글자는 뒤에 오도록 두 글자를 순서대로 합치다 보면 모두 60개의 연도를 나타내는 말이 만들어지는데 이를 '육십갑자'라고 불러요.

 육십갑자의 첫 시작은 십간의 첫 글자인 '갑'과 십이지의 첫 글자인 '자'가 합쳐진 '갑자'예요. 그리고 그 다음은 두 번째 글자를 합친 '을축' 그리고 '병인', '정묘', '무진'… 이 순서대로 연도를 표현하지요.

　십간과 십이지로 연도를 나타내기 시작한 나라는 중국이에요. 이후 중국의 문화가 우리나라와 일본처럼 한자의 영향을 받은 나라로 전해졌고, '2021년'처럼 서양에서 들여온 연도를 쓰기 전까지 일상에서 십간과 십이지를 사용했어요.

　여러분이 태어난 해는 육십갑자 중 어떤 해였나요? 또 올해와 내년은 십간과 십이지로 각각 어떻게 표현할까요? 십간과 십이지를 순서대로 맞춰 가며 한번 따져 보세요.

 만 60세 환갑 생일은 왜 특별할까?

 십간과 십이지로 나타내는 연도는 '갑자년'부터 '계해년'까지 모두 60가지예요. 따라서 60년이 지나가면 다시 '갑자년'이 돌아오지요. 예를 들어 2011년 '신묘년'에 태어난 친구가 만 60세가 되는 2071년은 다시 '신묘년'이에요.

 예전에는 평균 수명이 지금보다 훨씬 짧았기 때문에 자신이 태어난 해가 다시 돌아오는 만 60세를 큰 의미로 생각했어요. 그래서 만 60세 생일 때 '육십갑을 돌아왔다.'라는 의미를 가진 '회갑' 또는 '환갑' 잔치를 벌여 축하를 주고받기도 했지요. 요즘도 그 전통이 이어져 만 60세 환갑 생일은 더 특별한 의미로 여기기도 해요.

 앞으로는 수명이 훨씬 길어진 만큼 만 60세가 아니라 만 120세가 되었을 때 두 번의 환갑을 축하하는 잔치를 벌이게 되지 않을까요?

24절기

26. 입춘? 하지? 동지?
이런 게 다 뭐지?

만약 시계와 달력, 휴대폰까지 없다면 시간과 날짜를 어떻게 알 수 있을까요?

너무 걱정하지 않아도 돼요. 해가 뜨고 지는 것을 보고 어느 정도 시간을 짐작할 수 있고, 밤하늘에 뜬 달 모양을 보고 음력 날짜를 떠올릴 수 있거든요.

이처럼 시계와 달력이 없었던 옛날에도 우리 조상들은 해와 달을 이용해 시간과 날짜를 알아냈어요.

아하, 그렇구나!

그런데 달을 보고 날짜를 파악하는 음력으로는 농사에서 중요한 계절과 기후를 짐작하기 어렵다는 문제가 있었어요. 우리나라는 1년 동안 계절에 따른 날씨 변화가 심하기 때문에 농사를 잘 짓기 위해서는 계절에 따라 해야 하는 일도 각각 달라야 했지요.

조상들은 기온과 날씨가 변하는 이유가 매일 조금씩 달라지는 낮의 길이, 즉 해의 움직임 때문이라는 것을 알고 있었어요. 이렇게 해의 움직임을 파악해 만든 것이 바로 '절기'예요. 1년을 봄, 여름, 가을, 겨울로 나누고 각 계절마다 15일에 한 번씩 6번의 절기를 두면 1년 동안 모두 24번의 절기가 만들어져요. 지금도 달력 날짜 밑에 '입춘', '하지', '동지' 등 절기를 표시해 두는 것을 흔히 볼 수 있어요.

조상들은 24절기를 통해 계절과 날씨의 변화를 미리 짐작하고 때마다 해야 하는 농사일과 집안일을 챙겼어요. 절기에 맞춰 씨를 뿌리거나 곡식을 거두었고 비가 많이 내리는 절기를 앞두고 나무를 심었어요. 또한 더위와 추위를 미리 대비하는 것은 물론 낮의 길이와 밤의 길이가 언제부터 짧아지고 길어지는지도 알 수 있었어요. 이렇듯 절기는 우리 조상들이 농사를 위해 생각해 낸 특별한 계산법이었지요.

그런데 우리 조상들이 사용한 24절기는 중국에서 전해졌다고 해요. 그러다 보니 어떤 절기는 우리나라 기후에 맞지 않게 느껴지기도 하지요. 특히 '대한이 소한 집에 놀러 갔다가 얼어 죽는다.'라는 말까지 생길 정도로 우리나라는 24절기 중에 '작은 추위'를 뜻하는 '소한'이 '큰 추위'를 뜻하는 '대한'보다 훨씬 더 추울 때가 많아요.

최근에는 기술의 발전으로 계절과 상관없이 과학적인 방법으로 농사를 짓기 때문에 24절기를 굳이 따지지 않아도 돼요. 지구 온난화 때문에 기상 이변이 심해지면서 절기에 따른 계절 변화를 예전만큼 확실하게 느낄 수 없기도 하고요.

이처럼 절기가 우리 생활과 점점 멀어지면 앞으로는 달력이 아닌 역사책에서만 24절기를 보게 되는 것은 아닐까요?

우리나라 24절기는?

다음의 표를 보고 달력에서 24개의 절기를 찾아 우리 조상들의 생활과 지혜를 한번 느껴 보는 것은 어떨까요?

계절	이름/날짜	의미	계절	이름/날짜	의미
봄	입춘 2월 3~5일쯤	봄에 들어서다	가을	입추 8월 7~8일쯤	가을에 들어서다
봄	우수 2월 18~19일쯤	(눈이 녹아) 빗물이 되다	가을	처서 8월 23~24일쯤	더위가 식다
봄	경칩 3월 5~6일쯤	겨울잠 자던 동물이 깨어나다	가을	백로 9월 7~8일쯤	하얀 이슬이 내리다
봄	춘분 3월 20~21일쯤	봄을 나누다 (낮과 밤의 길이가 반으로 같아지다)	가을	추분 9월 22~24일쯤	가을을 나누다 (낮과 밤의 길이가 반으로 같아지다)
봄	청명 4월 4~5일쯤	하늘이 맑아진다	가을	한로 10월 8~9일쯤	찬 이슬이 맺히다
봄	곡우 4월 20~21일쯤	곡식에 도움이 되는 비가 내리다	가을	상강 10월 23~24일쯤	서리가 내리다
여름	입하 5월 5~6일쯤	여름에 들어서다	겨울	입동 11월 7~8일쯤	겨울에 들어서다
여름	소만 5월 20~22일쯤	작은 것이 자라서 가득 차다	겨울	소설 11월 22~23일쯤	작은 눈(첫눈)이 내리다
여름	망종 6월 5~6일쯤	벼, 보리 등 수염이 있는 곡식의 씨를 뿌리다	겨울	대설 12월 7~8일쯤	큰 눈이 내리다
여름	하지 6월 21~22일쯤	여름의 한가운데 (낮의 길이가 가장 길다)	겨울	동지 12월 21~22일쯤	겨울의 한가운데 (밤의 길이가 가장 길다)
여름	소서 7월 7~8일쯤	작은 더위	겨울	소한 1월 5~6일쯤	작은 추위
여름	대서 7월 22~23일쯤	큰 더위	겨울	대한 1월 20~21일쯤	큰 추위

〈한국을 빛낸 100명의 위인들〉

27. '한국을 빛낸 100명의 위인들'에 가짜 위인이 있다고?

"아름다운 이 땅에 금수강산에~"

이런 노랫말로 시작하는 〈한국을 빛낸 100명의 위인들〉이라는 노래가 나온 지 벌써 30년이 되었다고 해요.

어린 동생들부터 여러분 또래의 초등학생들까지 그동안 많은 사람이 이 노래를 즐겁게 따라 불렀어요.

특히 노랫말에 등장하는 100명의 인물을 통해 자연스럽게 우리나라 역사에 대해서도 관심을 갖게 되었지요.

아하, 그렇구나!

'위인'이란 뛰어나고 훌륭한 사람을 뜻해요. 〈한국을 빛낸 100명의 위인들〉이라는 제목처럼 노랫말 속에 우리 역사를 빛낸 뛰어나고 훌륭한 사람이 많이 등장해요.

고구려 땅을 크게 넓힌 '광개토대왕', 고려를 침략한 거란족을 물리친 '강감찬 장군', 일본으로부터 나라를 지켜 낸 조선의 '이순신 장군'을 위인이라고 부르는 것에 반대하는 사람은 없을 거예요.

한편 '안중근은 애국, 이완용은 매국'이라는 노랫말은 나라를 위해 희생한 '안중근 의사'의 뛰어난 애국심을 강조하는 내용이에요. 당시 일본이 우리나라의 주권(국가의 의사를 최종적으로 결정하는 권력. 대내적으로는 최고의 절대적 힘을 가지고, 대외적으로는 자주적 독립성을 가진다)을 빼앗는데 누구보다 앞장선 '이완용'을 결코 위인이라고 할 수는 없으니까요.

그런데 〈한국을 빛낸 100명의 위인들〉에는 고개를 갸우뚱하게 만드는 이름도 등장해요. 노래 끝부분에 나오는 '이수일과 심순애'가 그렇지요. 사실 이수일과 심순애는 실제로 살았던 인물이 아니에요. 단지 이야기 속 주인공일 뿐이지요.

약 100년 전쯤 조중환이라는 작가가 남자 주인공 '이수일'과 여자 주인공 '심순애'의 애틋한 사랑을 다룬 〈장한몽〉이라는 소설을 신문에 발표했어요. 사람들 사이에 〈장한몽〉은 재미있는 이야기로 소문이 났고 연극으로 공연될 정도로 인기가 많았다고 해요. 이수일과 심순애의 사랑 이야기는 이후에도 책과 노래, 영화 등 다양한 형식으로 바뀌면서 오랫동안 전해졌어요.

이런 인기 때문에 이수일과 심순애가 마치 진짜로 우리 역사 속에 존재했던 사람처럼 〈한국을 빛낸 100명의 위인들〉 노래에 등장하게 된 건 아닐까요?

화폐

28. 오천 원과 오만 원은 가족이라고?

'이순신', '이황', '이율곡', '세종대왕', '신사임당'.

이 다섯 사람의 공통점은 무엇일까요?

모두 조선 시대에 살았고, 위인이라고 평가 받기에 부족함이 없는 사람들이지요.

그리고 한 가지 공통점이 더 있어요.

바로 우리나라 화폐 속에 등장한다는 거예요.

아하, 그렇구나!

  우리나라 화폐는 종이로 된 것과 동전으로 된 것으로 구분돼요. 동전 중에서 1원과 5원은 액수가 너무 작아 지금은 거의 사용하지 않아요. 1원 동전에는 무궁화, 5원 동전에는 거북선이 새겨져 있어요. 10원 동전에는 신라 때 세워진 '다보탑', 50원에는 '벼 이삭'이 있지요.

  동전 중에 유일하게 사람이 새겨진 것은 100원이에요. 바로 이순신 장군이 100원 동전의 주인공이에요. 500원에는 오래 사는 동물로 알려진 '학'의 모습이 새겨져 있는데, 예전에는 500원이 지금처럼 동전이 아니라 지폐였어요. 당시 500원짜리 지폐에는 이순신 장군과 거북선의 모습이 함께 있었지요.

  현재 우리가 사용하는 종이 지폐에는 모두 인물이 그려져 있어요. 1,000원의 주인공은 정치가이자 학자였던 '퇴계 이황'이에요. 퇴계는 이황의 호를 말해요. 5,000원에 등장하는 인물은 이황과 함께 조선의 훌륭한 정치인이자 학자로 평가 받는 '율곡 이이'예요. 이이는 열세 살 때 과거 시험에 합격할 정도로 어려서부터 글공부 실력이 뛰어났다고 해요.

10,000원에 그려진 인물은 여러분도 잘 알고 있는 조선의 네 번째 왕 '세종'이에요. 그리고 우리나라 화폐 중에 가장 높은 금액인 50,000원에는 유일하게 여성 인물이 그려져 있어요. 조선의 뛰어난 화가였던 '신사임당'이 그 주인공이지요. 신사임당은 풀과 벌레 등을 주로 그렸는데 햇빛에 말리려고 마당에 내놓은 그림을 보고 닭이 진짜 벌레인 줄 알고 쪼았다는 이야기가 전해질 정도로 그림 실력이 뛰어났다고 해요. 신사임당은 5,000원에 등장하는 율곡 이이의 어머니이기도 하지요.

화폐에 인물을 새겨 넣는 것은 다른 나라도 마찬가지예요. 중국이나 일본, 영국과 미국 화폐에서도 나라를 대표하는 인물이나 역사 속 위인의 모습을 볼 수 있어요.

이처럼 화폐에 인물을 새겨 넣는 이유 중에 한 가지는 위조를 막기 위해서라고 해요. 사람의 머리카락이나 수염 같은 경우 똑같이 흉내 내기가 어렵기 때문이지요.

만약 우리나라에 10만 원짜리 지폐가 나온다면 어떤 인물을 새겨 넣으면 좋을까요? 여러분의 생각이 궁금하네요.

우리나라 화폐의 종류

왕의 묘호

29. 왜 왕의 이름은 '~조'나 '~종'으로 끝날까?

'태정태세문단세'라는 말을 들어본 적 있나요?

<한국을 빛낸 100명의 위인들>이라는 노래에서 들어봤거나 역사책에서 본 적이 있을 거예요.

'태정태세문단세'는 조선의 첫 번째 왕이었던 '태조'부터 '세조'까지 일곱 명의 왕을 차례대로 나타낸 말이에요.

조선은 약 500년 동안 모두 스물일곱 명의 왕이 있었어요.

여러분도 잘 알고 있는 '세종'은 조선의 네 번째 왕, 경기도 수원에 새로운 도시 화성을 만들도록 지시한 '정조'는 스물두 번째 왕이지요.

 **아하, 그렇구나!**

조선의 왕들은 모두 '이'씨 성을 가지고 있어요. 고려 왕조를 무너뜨리고 조선의 첫 번째 왕이 된 '이성계'의 자손들이 계속 왕의 자리를 이어받았기 때문이에요. 이씨 성 뒤에 오는 이름은 대부분 한 글자로 지어주었어요. 이성계도 왕이 된 후에 이름을 '이단'으로 바꿨지요. 네 번째 왕이었던 세종의 이름은 '이도', 스물두 번째 왕이었던 정조의 이름은 '이산'이에요.

'태조, 태종, 세종, 정조'처럼 '~조'나 '~종'으로 끝나는 이름은 왕이 죽고 난 후 붙여 주는 또 다른 이름이에요. 이를 '묘호'라고 하지요. 그러니까 조선의 왕들은 자기가 후손에게 '세종', '정조' 등으로 불린다는 것을 모른 채 세상을 떠난 거예요.

두 글자로 된 묘호 중 첫 글자는 죽은 왕의 업적에 따라 여러 신하들이 의논을 한 후 왕의 자리를 물려받은 다음 왕의 허락을 받아 결정했어요.

조선의 다섯 번째 왕, '문종'은 학문이 뛰어났다는 뜻으로 '문(文)'을, 열일곱 번째 왕이었던 '효종'은 효도하는 마음이 깊었다는 뜻으로 '효

조선시대 왕 순서

1대	2대	3대	4대	5대	6대	7대
태조	정종	태종	세종	문종	단종	세조
8대	9대	10대	11대	12대	13대	14대
예종	성종	연산군	중종	인종	명종	선조
15대	16대	17대	18대	19대	20대	21대
광해군	인조	효종	현종	숙종	경종	영조
22대	23대	24대	25대	26대	27대	
정조	순조	헌종	철종	고종	순종	

(孝)'라는 글자를 묘호로 선택했다고 해요. 그렇게 정해진 첫 글자 뒤에 '~조'나 '~종'을 붙여 묘호를 완성하지요.

 원래 묘호에서 '~조'는 처음 나라를 세운 왕에게만 붙여 주었어요. 고려를 건국한 왕건을 '태조 왕건', 조선을 건국한 이성계를 '태조 이성계'라고 하는 이유도 그 때문이에요. 하지만 조선의 왕 중에는 태조 이외에도 세조, 영조, 정조처럼 묘호에 '~조'를 붙인 왕이 여섯 명이나 더 있었어요. 조선의 열네 번째 왕이었던 '선조'는 원래 묘호가 '선종'이었지만 다음 왕인 광해군의 명령에 따라 나중에 다시 '선조'로 바뀐 경우랍니다.

 '연산군'과 '광해군'은 왜 묘호가 없을까?

조선 시대 스물일곱 명의 왕 중에서 '~조'나 '~종'의 묘호를 받지 못한 두 명을 찾아보세요. 맞아요, '연산군'과 '광해군'이에요. 조선의 질서와 예의에 벗어난 행동을 하거나 나라를 제대로 다스리지 못해 강제로 왕 자리에서 물러나게 된 경우는 묘호를 붙여 주지 않았어요.

연산군과 광해군은 모두 신하들의 반대에 부딪혀 결국 왕 자리를 내려놓을 수밖에 없었어요. 특히 연산군은 자신을 낳아 준 어머니의 죽음을 억울하게 여긴 나머지 많은 사람을 잔인하게 죽였다고 해요.

조선의 왕과 왕비의 무덤은 '태릉', '선릉'처럼 '릉'이라고 하지만 연산군과 광해군은 쫓겨난 왕이기 때문에 무덤 역시 '릉'이 아니라 그냥 '묘'라고 부른답니다.

문화재 약탈, 문화재 환수

30. 우리 문화재가 왜 다른 나라에 있는 걸까?

'문화재'란 인간의 문화적 활동으로 만들어진 것 중에서 역사적으로 귀중한 가치가 있는 것을 말해요.

다음 세대에게 물려주어야 하는 문화라는 의미로 '문화유산'이라고 부르기도 해요.

신라의 '첨성대'나 조선의 '숭례문'처럼 크기가 큰 건축물은 물론이고, 이순신 장군이 쓴 '난중일기' 같은 기록물이나 '탈춤', '판소리' 같은 전통 예술도 모두 문화재에 속해요.

아하, 그렇구나!

안타깝게도 다른 나라로 유출된 우리 문화재가 18만 점이 넘는다고 해요. 아직 밝혀지지 않은 것까지 합하면 그 숫자는 더 늘어날 수도 있고요. 우리 문화재가 가장 많이 있는 나라는 일본이에요. 그 밖에 미국, 중국, 영국, 프랑스, 독일, 러시아 등도 우리 문화재를 가지고 있는 나라예요. 물론 나라끼리 교류하는 과정에서 주고받은 것이나 주인이 따로 있어 돈으로 사고판 경우, 선물 등의 방식으로 유출된 문화재는 크게 문제가 되지 않아요.

하지만 다른 나라에 있는 우리 문화재 대부분은 조선과 일본이 치른 '임진왜란', 프랑스 군대가 우리나라 강화도를 공격했던 '병인양요' 같은 전쟁이나, 일본에게 나라를 빼앗겼던 '일제강점기' 등 사회적으로 혼란스러웠던 시기에 유출된 것들이에요. 특히 무덤을 파헤치거나 약탈을 통해 우리 문화재를 가져간 경우는 명백한 불법 행위예요.

이처럼 불법으로 유출된 우리 문화재를 다시 돌려받는 것이 '문화재 환수'예요. 그동안 우리나라 정부와 시민 단체 그리고 뜻을 가진 여러 국민의 노력으로 돌려받은 문화재도 있어요. 프랑스 국립 도서관에 보관되어 있다가 지난 2011년 환수된 〈조선왕조의궤〉와 2017년에 미국에서 돌아온 〈문정왕후 어보〉가 대표적이에요.

　조선 왕실에서 국가의 주요 행사를 글과 그림으로 자세하게 기록한 〈조선왕조의궤〉는 1866년 프랑스 군인들이 약탈해 간 것이었어요. '어보'란 왕실에서 사용하는 도장을 뜻하는데 〈문정왕후 어보〉는 조선의 열세 번째 왕이었던 명종이 어머니 문정왕후를 위해 만든 기념 도장이에요. 한국전쟁 당시 〈문정왕후 어보〉가 불법으로 미국에 유출됐다는 사실이 알려지면서 다행히 우리나라로 돌아올 수 있었어요. 하지만 아직 환수되지 못한 문화재가 훨씬 많아요.

　문화재 환수는 우리나라만의 문제가 아니에요. 과거에 여러 강대국이 경쟁적으로 많은 나라를 정복하면서 문화재 약탈도 심각하게 이루어졌거든요. 때문에 지금도 문화재 환수와 관련된 국제 분쟁이 일어나기도 해요.

　문화재 환수는 몇몇 개인의 노력으로만 해결할 수 있는 문제가 아니에요. 따라서 우리나라 문화재를 사랑하고 유출된 문화재에 관심을 갖는 국민이 많을수록 문화재 환수의 가능성도 더 커지지 않을까요?

 〈직지심체요절〉은 왜 돌아오지 못할까?

〈직지심체요절〉은 금속 활자로 인쇄된 세계에서 가장 오래된 책이에요. 고려시대 '백운화상'이라는 스님이 부처와 옛날 스님들이 남긴 글 중에서 좋은 부분을 뽑아 기록한 책이지요.

〈직지심체요절〉은 원래 상, 하 두 권으로 된 책인데 '상' 권은 전해지지 않고 '하' 권이 현재 프랑스 국립 도서관에 보관되어 있어요. 조선 말 프랑스 외교관이 우리나라에 머무는 동안 우리나라의 오래된 책과 미술품 등을 사 모은 뒤 프랑스로 가지고 갔는데 그중 하나가 바로 〈직지심체요절〉이었어요. 이후 다른 프랑스 사람이 〈직지심체요절〉을 샀고 그가 죽으면서 프랑스 국립 도서관에 기증한 거예요.

우리나라 유학생이었던 박병선 박사가 프랑스 국립 도서관에서 연구원으로 일하던 1972년, 〈직지심체요절〉의 가치를 처음으로 세상에 알렸어요. 그 후 2001년에는 〈직지심체요절〉이 세계문화유산으로 인정받기도 했지요.

하지만 아쉽게도 〈직지심체요절〉은 불법으로 약탈해 간 것이 아니기 때문에 여전히 프랑스에 머물고 있답니다.

군사분계선

31. '3·8선'과 '휴전선'은 다르다고?

우리나라를 가리켜 흔히 '분단국가'라고 표현하기도 해요.

원래 하나였던 나라가 70년 넘게 남한과 북한으로 갈라진 채 살고 있기 때문이에요.

그런데 남한, 즉 우리나라와 북한을 가르는 경계는 어디일까요?

'3·8선'일까요, 아니면 '휴전선'일까요?

 **아하, 그렇구나!**

'3·8선'과 '휴전선'은 둘 다 전쟁 중이거나 전쟁을 끝낸 두 지역 간에 설정한 '군사분계선'으로 한반도 중앙에 위치해 있어요. 하지만 정해진 시기나 원인 그리고 경계선 모양 등이 달라요.

우선 '3·8선'은 제2차 세계대전이 끝날 무렵 일본의 항복을 받아낸 소련(소비에트 사회주의 공화국 연방. 유럽 동부와 아시아 북부, 러시아에 있었던 사회주의 연방) 군대와 미국 군대가 각각 우리나라 북쪽과 남쪽에 머무르며 한반도의 중간인 북위 38도를 경계로 정한 군사분계선이에요. 당시 우리나라는 일본으로부터 해방이 됐지만 공식적으로 나라를 이끌어 갈 정부를 세우지 못한 상황이었어요. 그런 혼란 속에서 서로 입장이 달랐던 소련과 미국이 당분간 우리나라를 관리하겠다면서 3·8선을 긋게 된 거예요. 이처럼 3·8선은 원래 임시 경계선이었지만 1948년, 남과 북에 각각 다른 나라가 세워지면서 곧 남북을 가르는 분단선이 되고 말았어요.

그 후 1950년 6.25전쟁으로 남북을 갈랐던 3·8선이 무너졌어요. 그렇게 3년 동안의 전쟁이 이어진 후 1953년 7월, 전쟁을 멈추기로 한 휴전 협정이 이루어지며 당시 남북한 군인들이 대치하고 있던 지

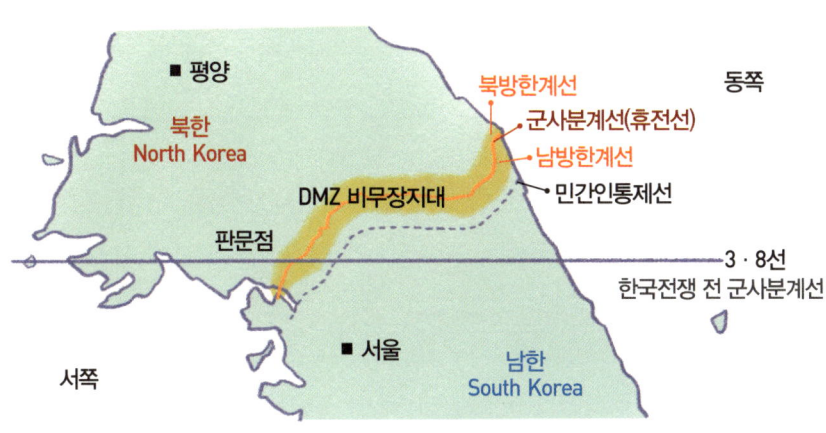

역이 그대로 군사분계선, 즉 '휴전선'이 되었어요. 그리고 지금까지 약 70년의 시간이 흐른 거예요. 따라서 현재 남한과 북한의 경계는 3·8선이 아니라 휴전선이에요.

지도에서 3·8선을 확인하면 가로로 반듯한 직선 모양이지만 휴전선은 구불구불한 곡선 모양이에요. 또한 3·8선이 분단의 흔적이라면 휴전선은 여전히 진행 중인 분단의 상징이에요. 우리나라의 강원도 속초나 철원은 지리적으로 북위 38도보다 위쪽이라서 6.25 전쟁 전까지는 북한에 속한 지역이었어요. 하지만 전쟁이 끝난 후에는 휴전선보다 아래에 위치해 있어 지금은 우리나라가 된 곳이에요. 반대로 개성이라는 지역은 위도가 38도보다 아래여서 6.25전쟁 전까지는 남한에 속해 있었지만 지금은 휴전선 위쪽에 속한 북한 땅이랍니다.

✅ DMZ가 생명의 땅이라고?

휴전선에서 남쪽으로 2킬로미터, 북쪽으로 2킬로미터에 해당하는 지역은 '비무장지대'로 영어로는 'DMZ(demilitarized zone)'라고 해요. 무력 충돌이 일어나지 않도록 남과 북 모두 '비무장', 즉 군대와 무기를 두지 않고 비워 두기로 한 곳이지요. 따라서 DMZ는 일반인은 물론 군인도 출입할 수 없는 곳이에요.

또한 DMZ 아래에는 '남방한계선'이 있고 그 주변은 예전부터 그 지역에 살았던 주민이나 군인 말고는 함부로 드나들 수 없는 '민간인통제구역'으로 정해져 있어요.

그런데 최근 전쟁과 분단의 상처를 간직한 채 버려진 땅이었던 DMZ가 생명의 땅으로 주목을 받고 있어요. 70년 가까이 사람의 발길이 끊어지면서 야생 동식물의 천국으로 변했기 때문이에요. 현재 DMZ에는 희귀종을 포함해 1,000여 종이 넘는 식물과 하늘다람쥐, 산양, 살쾡이 등 멸종위기 동물이 서식하고 있어요.

이와 같은 사실이 알려지면서 DMZ가 환경과 생태적으로 매우 중요한 가치를 지닌 소중한 땅으로 세계적인 관심을 받고 있답니다.

32. 통일은 꼭 해야 할까?

'대한민국은 섬나라다.'라는 말에 대해 어떻게 생각하나요?

반은 맞고 반은 틀린 말일지도 몰라요.

우리나라는 지리적으로 아시아 대륙 동쪽 끝에 위치해 있지만 지난 70년 동안 섬나라와 다름없이 살아왔어요. 분단 때문에 대륙과 이어진 북한 땅을 자유롭게 오갈 수 없기 때문이지요.

 **아하, 그렇구나!**

비록 지금은 두 개의 나라가 됐지만 우리나라와 북한은 같은 언어를 사용하고 같은 역사를 간직한 한민족이에요. 따라서 언젠가는 다시 한 나라로 통일하는 것을 당연한 일로 생각하기도 해요.

하지만 남북한 사람 모두가 한마음으로 통일을 바라는 것은 아니에요. 70년 넘게 서로 다른 환경에서 살아온 만큼 경제적 수준은 물론 사회, 문화, 정치에 대한 생각의 차이도 크게 벌어졌기 때문에 통일이 오히려 문제가 될 거라고 생각하는 사람도 있어요. 핵무기 위협 등의 이유로 국제 사회에서는 북한을 위험한 나라로 바라보는 시선도 여전하지요.

특히 통일 비용, 즉 통일을 준비하고 이루기 위해 들여야 하는 많은 돈과 노력 때문에 통일에 대해 부정적인 입장을 갖는 경우도 많아요. 북한은 경제적 수준이 우리보다 낮기 때문에 통일 과정에서 우리나라가 더 많은 비용을 쓸 수밖에 없고 결국 국민들에게 큰 부담이 될 거라는 생각 때문이에요.

반면 통일 비용은 사라지는 것이 아니라 통일 후 발전할 미래를 위한 투자라는 주장도 있어요. 현재 남북한 모두 분단을 유지하는 데 이미 큰 비용을 쓰고 있는 것은 사실이에요. 전쟁에 대비해 군대를 유지하고 여러 가지 무기를 개발하거나 수입하는 데 많은 돈이 들 수밖에 없거든요. 이러한 분단 비용을 줄이면 통일 비용을 마련하는 데 도움이 될 거라는 의견도 있어요.

이처럼 통일을 긍정적으로 바라보는 사람은 남한의 발전된 기술에 북한의 풍부한 지하자원과 노동력이 더해질 경우 경제 발전은 물론이고 통일 한국의 세계적인 위상이 지금보다 훨씬 높아질 거라고 기대해요. 남북한 통일은 세계 평화에도 큰 도움이 될 수 있다고 생각하지요. 무엇보다 통일이 되면 남북한 모두 전쟁의 위험에서 벗어나 평화로운 삶을 보장받을 수 있다는 점이 가장 큰 이익이에요.

이렇게 입장과 생각의 차이를 보이는 만큼 만약 통일이 되더라도 즐겁고 신나는 변화만 있지는 않을 거예요. 어쩌면 풀어야 할 문제와 갈등이 꽤 긴 시간 동안 이어질 수도 있어요.

하지만 모두의 안전과 행복을 위해 언젠가는 평화적인 방법으로 통일이 되어야 한다는 바람은 변치 않을 거예요. 여러분 마음에도 평화와 통일이라는 작은 씨앗을 심고 정성 들여 키워 보면 어떨까요?

✅ 통일을 기다리는 사람들 / 이산가족

통일을 가장 손꼽아 기다리는 사람들은 누굴까요? 아마 '이산가족'일 거예요. '남북 이산가족'은 분단 상황에서 이리저리 흩어진 가족을 말해요. 6.25 전쟁이 끝나고 남과 북 사이에 휴전선이 생기면서 헤어진 상태로 서로 소식도 모른 채 살아온 사람들이 대부분이에요.

그동안 우리나라와 북한 정부는 합의를 통해 여러 차례 이산가족이 만날 수 있는 기회를 마련했지만 아직 얼굴을 보지 못한 이산가족이 훨씬 많아요. 무엇보다 헤어질 때 어린 아이였더라도 지금은 70이 넘은 나이가 되었기 때문에 이산가족 중에는 가족에 대한 그리움만 간직한 채 세상을 떠난 분들도 많지요.

따라서 통일 전이라도 이산가족의 만남이 빨리 이루어져야 한다는 주장이 계속해서 나오고 있답니다.

디지털 발자국

33. 누군가가 내 발자국을 들여다본다고?

발자국은 발로 밟은 자리에 찍히는 모양이에요. 그리고 그 사람이 걸어온 길에 남은 흔적이기도 해요.

그런데 우리가 인터넷을 사용할 때도 알게 모르게 발자국이 찍혀요.

바로 '디지털 발자국'이지요.

인터넷 사이트를 이용할 때 남기는 로그인 기록이나 댓글 또는 정보를 찾기 위해 검색창에 입력한 내용도 모두 디지털 발자국이 되는 거예요.

아하, 그렇구나!

특히 카카오톡이나 인스타그램, 틱톡 같은 SNS에 올리는 사진에는 그 사람의 개인 정보를 알 수 있는 다양한 기록이 들어 있어요. 누구와 어디를 다녀왔는지, 무엇을 사고 어떤 음식을 먹었는지도 사진 속에 담겨 있거든요. 친구와 가족은 누구인지, 좋아하는 아이돌 그룹이나 영화에 대해서도 알 수 있지요.

이렇게 우리가 인터넷을 사용하는 동안 때로는 아주 깊고 진하게 자신의 디지털 발자국이 찍히기 마련이에요.

최근에는 범죄 사건을 해결하거나 회사에서 물건이나 서비스를 광고하기 위해 사람들의 디지털 발자국을 이용하기도 해요. 예를 들어 학교 과제 때문에 인터넷 검색창에 '프랑스 파리'와 관련된 내용들을 입력하고 다양한 자료를 모았는데 다음 날부터 인터넷을 할 때 '파리 여행'과 관련된 광고가 자꾸 눈에 띈다면 누군가가 여러분이 남긴 디지털 발자국을 들여다보고 광고에 이용한 거예요.

문제는 다른 사람의 디지털 발자국을 이용해 사생활을 침해하거나 범죄에 이용할 수도 있다는 점이에요. 따라서 SNS에 개인적인 생활이 그대로 드러나는 사진이나 기록 등의 정보가 공개되지 않도록 주의해야 해요. 가입하려는 인터넷 사이트가 정보 유출 등과 관련해서 안전한 곳인지, 나에게 꼭 필요한 사이트인지 꼼꼼하게 판단하는 것도 중요하답니다.

 ## 디지털 장의사? 디지털 세탁소?

땅에 찍힌 발자국은 시간이 지나면 지워지기 마련이지만 디지털 발자국을 지우는 것은 쉬운 일이 아니에요. 인터넷 카페나 SNS에 올린 사진이나 글을 삭제했다고 해도 나도 모르는 어딘가에 여전히 저장되어 있을 수 있거든요. 이처럼 인터넷 공간에 남아 있는 디지털 발자국을 대신 지워주는 직업을 가리켜 '디지털 장의사'라고 해요. '장의사'가 죽은 사람의 장례를 지내는 직업인 것처럼 디지털 장의사는 인터넷에 남아 있는 흔적을 찾아 없애주는 일을 전문적으로 해요. 여기저기로 흘러나간 개인 정보를 삭제하거나 과거에 온라인 곳곳에 남긴 글이나 사진 등을 찾아 '디지털 발자국'을 지워주는 거예요. 요즘은 디지털 장의사라는 말 대신 '디지털 세탁소'라고 부르기도 한답니다.

부모는 아이의 사진을 SNS에 올려도 될까?

'셰어런팅'은 '함께 나눈다'는 뜻을 가진 '셰어(share)'와 '아이를 기른다'는 뜻의 '패어런팅(parenting)'을 합성한 말이에요. 즉 부모가 자녀의 일상이 담긴 다양한 사진이나 글을 SNS에 올리고 다른 사람과 소통하는 일을 뜻하지요.

자녀의 사랑스럽고 귀여운 모습을 온라인에 남기는 것은 육아 경험을 기록하고 소중한 추억을 간직하는 일이라고 생각하는 부모도 있어요. 하지만 10대 청소년 중에는 부모의 SNS에 남아 있는 자신의 모습이 다른 사람에게 공개되는 것을 꺼려하는 경우도 많아요. 최근에는 부모가 올린 자녀의 사진이나 정보를 이용해 협박이나 유괴 같은 범죄가 발생하기도 했어요. 이처럼 셰어런팅의 부정적인 영향 때문에 프랑스에서는 부모가 자녀의 사진을 본인 동의 없이 SNS에 올릴 경우 처벌하는 법도 생겨났어요.

부모의 셰어런팅은 사랑하는 자녀에 대한 소중한 기록일까요, 아니면 자녀의 사생활을 침해하는 일일까요?

탄소 발자국

34. 적을수록 좋은 발자국은?

'탄소 발자국'이란 우리가 일상생활을 할 때 만들어지는 이산화탄소의 양을 말해요.

인류가 탄소 발자국을 신경 쓰기 시작한 것은 '지구 온난화' 때문이에요. 지구 온난화가 심해질수록 홍수와 가뭄, 폭염과 폭설 같은 기상 이변이 자주 일어나고 북극과 남극의 빙하가 빠르게 녹아내리는 등 지구 환경이 예전과 다르게 변하기 시작했거든요.

이러한 지구 온난화의 가장 큰 원인은 바로 공장과 자동차에서 내뿜는 오염 물질이나, 석유와 석탄을 태울 때 나오는 온실가스에 들어 있는 이산화탄소예요.

우리가 사용하는 대부분의 물건과 먹고 마시는 음식을 만들 때도 이산화탄소, 즉 탄소 발자국이 찍히기 마련이에요.

 아하, 그렇구나!

  탄소 발자국이 얼마나 진하고 크게 찍혔는지는 무게 단위인 킬로그램(㎏)으로 나타내요. 또는 발자국만큼 배출한 이산화탄소를 없애기 위해 심어야 하는 나무로 표시하기도 해요. 나무를 비롯해 대부분의 식물은 광합성이라는 작용을 하면서 공기 중에 있는 이산화탄소를 흡수하기 때문이에요.

  예를 들어 종이컵 한 개의 탄소 발자국은 11g 정도예요. 만약 여러분이 하루에 종이컵을 두 개씩 사용했을 경우 1년이면 약 7.9㎏의 탄소 발자국을 찍는 거예요. 이 정도의 탄소 발자국을 없애기 위해서는 소나무 한 그루를 심어야 해요.

  우리가 사용하는 전기와 물, 먹는 음식, 교통수단 등 일상생활의 모든 부분에서 탄소 발자국이 생겨요. 따라서 탄소 발자국을 전혀 남기지 않는 것은 불가능해요. 하지만 탄소 발자국을 조금이라도 적게 줄이는 것은 누구나 할 수 있는 노력이지요. 가까운 거리는 승용차보다 버스나 지하철 같은 대중교통을 이용하는 것도 탄소 발자국을 줄이는 거예요. 안 쓰는 전기 플러그를 뽑아 두거나 종이를 아껴 쓰는 것처럼 작은 습관도 중요해요.

오늘 하루 여러분이 찍은 탄소 발자국은 얼마나 될까요? 지구를 위해 그리고 지구에 사는 모든 생물을 위해 탄소 발자국을 줄이려면 어떤 습관이 필요할까요?

물 발자국도 함께 줄여 볼까?

우리가 일상생활에서 줄여야 할 발자국 중에는 '물 발자국'도 있어요. 지구 온난화만큼 물 부족 역시 갈수록 심각한 문제가 될 거라고 해요. 물 발자국은 탄소 발자국처럼 우리가 생활하면서 사용하는 물의 양을 말해요.

예를 들어 어른들이 즐겨 마시는 커피의 물 발자국은 매우 큰 편이에요. 커피나무를 심고, 기르고, 열매를 따고, 볶아서 커피를 마실 때까지 드는 커피 1kg의 물 발자국은 18000ℓ가 넘는다고 하네요.

물 발자국을 줄이기 위해서는 음식물을 함부로 버리지 않는 것도 중요해요. 우유 한 잔을 그냥 버릴 경우 그것을 깨끗한 물로 바꾸는 데 무려 5000ℓ가 넘는 물이 필요하기 때문이랍니다.

도덕, 법

35. 도덕과 법은 어떻게 다를까?

"빌린 물건을 돌려주지 않는 것은 부도덕한 행동이다."
"음주 운전은 불법 행위에 해당한다."

위 문장에서 '부도덕'은 도덕에 어긋나는, '불법'은 법을 어겼다는 의미예요.

도덕과 법은 둘 다 여러 사람이 사는 사회에서 함께 지켜야 할 약속이에요. 이런 약속을 '규칙' 또는 '규범'이라고 하지요.

만약 규칙이 없거나, 있더라도 잘 지키지 않으면 사람들 사이에 크고 작은 문제나 다툼이 끊이지 않을 거예요.

그래서 도덕과 법이라는 약속이 생겨났어요.

아하, 그렇구나!

'도덕'은 바른 마음 또는 사람이 지켜야 할 바람직한 말과 행동을 말해요. 도덕은 아주 오래 전부터 사람들 사이에서 자연스럽게 만들어지고 전해졌어요. 나쁜 의도로 하는 거짓말이나 약한 사람을 놀리고 때리는 행동, 다른 사람의 물건을 함부로 가져가는 일 등은 모두 도덕적이지 않은, 즉 부도덕한 또는 비도덕적인 행동이에요.

그런데 도덕은 누가 억지로 시키는 것이 아니라 스스로 판단하는 경우가 많아요. '양심에 찔린다.'라는 말도 스스로 도덕에 어긋났을 때 갖게 되는 마음이에요.

한편 사람들이 약속한 많은 도덕 중에 중요한 것만 따로 모아 놓은 것이 '법'이에요. 따라서 법은 누구나 반드시 지켜야 할 '최소한의 도덕'이라고 할 수 있어요. 법을 어긴 사람은 당연히 도덕에도 어긋난 행동을 한 거예요.

하지만 도덕에 어긋난다고 모두 법을 어긴 것은 아니에요. 예를 들어 친구를 골탕 먹이려고 거짓말을 했다면 도덕에는 어긋나지만 법을 어긴 것은 아니니까요.

도덕이 스스로 알아서 지키는 것이라면 법은 강제로 지키도록 정해졌어요. 민주주의 사회에서 법은 일정한 절차에 따라 만들어져요. 때로는 법을 없애거나 고치기도 하지요.

이처럼 도덕과 법은 공정하고 평화로운 사회를 위해 만들어졌어요. 그런데 만약 도덕과 법을 어기면 어떻게 될까요? 도덕에 어긋난 행동을 하면 다른 사람에게 비난을 받거나 부정적인 평가를 받게 돼요. 어린이의 경우 비도덕적인 행동을 하면 혼이 나기도 하지요.

한편 법은 반드시 지켜야 하는 것이므로 이를 어길 경우에는 벌금을 내거나 감옥에 가는 등 정해진 벌을 받는답니다.

 고조선에도 법이 있었다고?

우리나라에서 가장 오래된 법은 고조선의 '8조법'이에요. 당시 고조선에는 여덟 가지의 법이 있었다고 전해지는데 그중 다음과 같은 세 가지만 기록에 남아 있어요.

첫째, 사람을 죽인 사람은 사형에 처한다.

둘째, 남을 다치게 한 사람은 곡식으로 갚는다.

셋째, 남의 물건을 훔친 사람은 데려다 그 집의 노비로 삼는다. 용서를 받으려면 50만 전의 돈을 내야 한다.

이와 같은 법을 통해 당시 고조선 사람들의 생활 모습이 어땠는지 짐작해 볼 수 있어요. 우선 고조선은 생명을 소중하게 생각하는 엄격한 사회였어요. 농사를 짓고 곡물을 화폐처럼 주고받기도 했지요. 또한 개인이 따로 재산을 가지고 있었고 신분 차이가 있는 사회였다는 것을 알 수 있답니다.

헌법

36. 법 중에서도 가장 중요한 법이라고?

'7월 17일'이 어떤 날인지 알고 있나요?

1948년 7월 17일은 우리나라 최초로 헌법이 만들어진 날로, 7월 17일은 이 날을 기념하는 '제헌절'이에요.

헌법은 여러 법 중에서 가장 기본이 되는 법이에요.

한자로 '법 헌(憲)', '법 법(法)'인 것만 보더라도 헌법이 '법 중의 법'이라는 것을 알 수 있지요.

아하, 그렇구나!

헌법은 국가 통치(나라나 지역을 도맡아 다스림)의 기본 방침, 국민의 권리와 의무, 통치 기구의 조직 따위를 정하는 최고의 법이에요.

우리나라 헌법은 모두 130개 조로 이루어져 있어요. 그중 가장 먼저 "대한민국은 민주 공화국이다."라는 내용이 1조 1항에 나와 있어요. '민주 공화국'이란 국민이 나라의 주인이고 국민이 뽑은 대표가 법과 제도를 통해 국가를 다스리는 나라를 말해요.

이어지는 헌법 1조 2항 "대한민국의 주권은 국민에게 있고 모든 권력은 국민으로부터 나온다."에서도 국민이 나라의 주인임을 한 번 더 강조하고 있어요.

우리나라는 헌법으로 국민의 자유와 권리를 보호하고 있어요. 10조에는 "모든 국민은 인간으로서 존엄과 가치를 가지며, 행복을 추구할 권리를 가진다."라고 되어 있고, 34조에는 "모든 국민은 인간다운 생활을 할

권리를 가진다."라는 내용이 나와요. 죄 없이 신체를 구속받지 않을 자유, 종교를 선택할 자유, 자기 재산을 가질 자유, 자기 생각을 표현할 자유 등에 대해서도 헌법으로 명확하게 보여 주고 있어요. 이 밖에도 평화와 통일, 환경 보전, 국제 사회의 평화를 위한 노력 등에 대한 내용도 헌법에 담겨 있어요. 이처럼 헌법은 우리가 자유롭고 행복하게 사는 것과 가깝게 연결되어 있는 법이랍니다.

다시 한 번 우리나라 헌법 1조를 읽어 보면서 헌법의 소중함을 느껴 보는 것은 어떨까요?

"대한민국은 민주 공화국이다."

"대한민국의 주권은 국민에게 있고
모든 권력은 국민으로부터 나온다."

헌법도 고칠 수 있을까?

한 번 정해진 헌법이라고 해서 영원한 것은 아니에요. 시대의 변화와 대다수 국민의 요구에 따라 헌법의 내용을 바꿀 수 있어요. 헌법을 고치는 것을 '개헌'이라고 해요.

그동안 우리나라는 모두 아홉 번의 개헌을 실시했어요. 지금 우리가 알고 있는 헌법은 지난 1987년에 바뀐 내용을 담고 있지요.

헌법은 다른 법보다 훨씬 더 엄격한 과정을 거쳐야 고칠 수 있어요. 먼저 헌법 개정안은 국회의원의 절반 이상 또는 대통령이 제안할 수 있어요. 헌법개정안이 발표된 후 국회의원 3분의 2 이상이 찬성해야 의결이 가능하지요.

그런데 여기서 끝이 아니에요. 헌법은 우리나라 최상위 법이기 때문에 개헌이 확정되려면 국민의 의견을 직접 묻는 국민투표 과정을 거쳐야 해요. 투표권을 가진 국민의 절반 이상이 투표에 참여해야 하고 그중 다시 절반 이상이 찬성을 해야 비로소 바뀌는 헌법 내용이 통과된답니다.

복지

37. 국민 모두 행복하게 살 수 있을까?

사람은 누구나 행복하게 살 권리를 가지고 있어요.

그런데 개인의 능력과 노력만으로 모두 행복한 삶을 살 수는 없어요. 주어진 환경과 살아가는 동안 겪는 상황이 저마다 다르기 때문이에요.

따라서 국민 모두가 기본적으로 행복한 삶을 누릴 수 있도록 국가가 적극적으로 나서는 것을 '사회 복지'라고 해요.

그리고 아동 복지, 청년 복지, 노인 복지, 장애인 복지 등 행복에서 소외되는 사람이 없도록 잘 보호해 주는 나라를 가리켜 흔히 '복지 국가'라고 부르지요.

아하, 그렇구나!

- 출산과 양육에 대해 걱정하지 않고 행복한 마음으로 아이를 낳아 기를 수 있는 사회.
- 병원비 걱정 없이 누구나 치료를 받을 수 있는 사회.
- 장애가 있어도 이동과 생활에 불편함이 없는 사회.
- 교복, 급식, 교과서 등 교육비 걱정 없이 마음껏 공부할 수 있는 사회.
- 일자리를 잃더라도 다시 일을 시작할 때까지 생활비 걱정을 하지 않아도 되는 사회.
- 나이가 들어 더 이상 일을 하지 못해도 편안한 노후를 보낼 수 있는 사회.

아마도 이런 사회가 바람직한 복지 국가의 모습일 거예요. 우리나라도 최근 국민 복지에 관심을 기울이고 여러 가지 제도를 마련하고 있어요.

복지라는 말이 곧 행복한 삶을 뜻하는 것처럼 국민 행복을 위한 복지 정책이 늘어나는 것을 반대하는 사람은 없을 거예요. 국가가 존재하는 이유는 국민의 행복을 위해서니까요.

하지만 복지 정책에 들어가는 막대한 비용이 문제예요. 국민 복지를 위해 필요한 돈은 국민이 내는 세금에서 마련하는 거니까요. 복지가 늘어나는 만큼 국민이 내는 세금도 늘어나게 되고 국방이나 다른 분야에 사용할 비용이 부족해질까 봐 걱정하는 목소리도 있어요. 또 복지 제도만 믿고 열심히 일하지 않는 사람이 늘어날 거라고 주장하기도 해요. 모든 국민에게 똑같은 복지 혜택을 줄 필요 없이 형편이 어려운 사람만 골라 도움을 주면 된다는 의견도 있고요.

핀란드와 스웨덴, 덴마크 같은 나라는 모든 국민을 대상으로 복지가 이루어지고 있어요. 그만큼 국민들의 행복지수도 높아요. 물론 국민들이 내는 세금도 많지요.

우리나라도 복지 선진국이 되기 위해서 그리고 국민의 행복지수를 높이기 위해서 정부와 국민이 어떤 선택과 노력을 해야 할까요?

최저임금제? 기본소득제?

'임금'이란 일한 대가로 받는 돈을 말해요. 따라서 '최저임금제'란 가장 낮은 수준의 임금을 법으로 정해 놓은 거예요. 예를 들어 시간당 최저임금이 1만원이라면 하루 5시간을 일한 경우 반드시 5만 원 이상을 임금으로 받을 수 있어요. 우리나라의 최저임금은 해마다 '최저임금위원회'의 협의를 통해 결정이 돼요.

'기본소득'은 국민 모두가 최소한의 인간다운 생활을 누릴 수 있도록 국가에서 소득을 지급하는 제도예요. 쉽게 말해 모든 국민에게 기본 생활비를 주는 거예요. 현재 완전한 기본소득제를 실시하고 있는 나라는 없어요. 하지만 여러 나라에서 기본소득과 관련된 여러 가지 시도와 노력이 진행 중이에요. 최근 우리나라도 기본소득과 관련해서 다양한 논의가 이루어지고 있답니다.

주식회사, 주식, 주가

38. 주식회사는 주식을 파는 회사일까?

여러분이 오랜 연구 끝에 빨래 개는 로봇을 개발했다고 상상해 볼까요?

만약 대량으로 로봇을 만들어 팔면 많은 이익을 남길 수 있을 거예요. 그러기 위해서는 먼저 회사를 세워야 해요.

그런데 공장을 지을 땅과 건물도 필요하고 일을 담당할 직원들도 뽑아야 하니까 회사를 세우고 운영을 하려면 매우 많은 돈이 필요하지요.

이때 회사 운영에 필요한 돈을 여러 사람에게서 모은다면 어떨까요?

아하, 그렇구나!

이렇게 여러 사람이 투자한 회사를 '주식회사'라고 해요. 주식회사는 사람들에게 투자한 돈의 액수를 증명해 주는 것을 나눠 주는데 이것이 바로 '주식'이에요. 주식을 갖고 있는 사람을 가리켜 '주식을 가진 주인'이라는 뜻으로 '주주'라고 하지요.

주식회사는 이익이 생기면 주주들에게 이익의 일부를 나눠 줘야 해요. 또 주식은 물건처럼 개인이 선택해서 살 수도 있고, 갖고 있던 주식을 팔 수도 있어요. 이때 투자자를 대신해서 주식을 사거나 팔아 주는 곳이 '증권회사'예요.

'주식 시장'은 눈에 보이는 장소는 아니지만 주식이 거래되는 곳을 말해요. 또한 주식도 물건처럼 가격이 오르기도 하고 내리기도 하는데 이런 주식의 가격을 '주가'라고 하지요. 가지고 있는 주식의 가격, 즉 주가가 오른 상태에서 주식을 팔면 투자자는 이익을 챙길 수 있어요. 예를 들어 A회사 주식을 1주에 1,000원이었을 때 100주를 샀다면 주식 전체 가격은 십만 원이에요. 그런데 얼마 후 그 회사의 주가가 1주에 1,500원으로 올랐다면 가지고 있는 전체주식의 가격은 십오만 원이 돼요. 이렇게 주식이 올랐을 때 가지고 있던 주식을 모두 팔면 투자한 금액보다 오만 원이라는 이익을 보는 거예요. 반대로 가지고 있는 주식의 가격이 떨어지면 투자한 돈보다 낮은 금액의 주식을 갖게 돼서 손해를 볼 수 있답니다.

주가가 오르락내리락?

사람들은 어떤 회사 주식을 사고 싶어 할까요? 당연히 돈을 많이 버는 회사의 주식이겠죠. 주식은 회사와 주주 모두에게 이익을 주기도 해요. 회사는 주식을 통해 필요한 돈을 안정적으로 마련해서 회사를 더욱 성장시킬 수 있고 주주는 회사의 이익을 나눠 가질 수 있으니까요.

하지만 모든 회사의 주가가 항상 오르기만 하는 것은 아니에요. 갑자기 회사 상황이 안 좋아지거나 회사 대표가 부정을 저질러서 회사 이미지가 떨어지면 그 회사의 주가가 떨어지기도 해요.

그러므로 자신의 경제적 능력보다 지나치게 많은 돈을 들여 주식을 사는 것은 바람직하지 않답니다.

복권, 로또

39. 로또는 나쁜 걸까?

"태국의 한 어부가 바다의 로또라고 불리는 향유고래의 배설물, 용연향을 주웠습니다."

"마당에 날아든 돌 한 덩이, 20억짜리 로또 운석이었다."

이와 같은 뉴스 제목에 나온 '로또'는 무슨 의미일까요? '로또'는 1부터 45까지 숫자 중에 6개를 선택해 당첨 번호와 일치하면 1등 당첨금을 받는 일종의 게임이에요. 6개의 숫자를 선택하는 데 드는 돈은 천 원이지만 만약 1등에 당첨되면 많게는 수십억 원에 가까운 돈을 얻을 수 있어요.

하지만 로또 1등에 당첨될 확률은 매우 낮아요. 그래서 사람들은 뜻밖의 얻게 된 행운이나 작은 노력만으로 큰 성공을 거두었을 때 '로또 맞았다'라는 비유적 표현을 쓰기도 해요.

 **아하, 그렇구나!**

로또는 복권의 한 종류예요. '복권'은 번호나 그림 같은 특정 표시를 해 둔 표를 말해요. 여러 사람이 복권을 사면 복권 판매 금액 중 일부를 추첨을 통해 당첨이 된 사람에게 나눠 주는 거예요.

고대 이집트나 로마에도 복권이 있었다고 해요. 중국 진나라는 만리장성을 세우는 데 필요한 돈을 마련하기 위해 백성들에게 복권을 팔았지요. 미국은 복권을 팔아 모은 돈으로 대학을 세우기도 했어요.

1947년, 런던 올림픽에 참가할 비용을 마련하기 위해 복권을 만들어 판 것이 우리나라의 공식적인 첫 복권이었어요. 이후 '주택복권', '올림픽복권' 등의 이름을 가진 다양한 복권이 판매되었고 2002년에는 최고 당첨 금액의 제한이 없는 복권인 '로또'를 만들었어요.

현재 우리나라 복권은 로또나 연금복권 등을 포함해 10종류가 넘는다고 해요.

복권에 당첨된 사람에게 돌아가는 당첨금은 복권을 판매한 전체 금액의 절반 정도예요. 나머지 절반의 10%는 복권을 만들고 판매할 때 드는 비용에 해당해요. 그리고 남은 40%는 사회의 필요한 곳에 세금처럼 사용돼요. 예를 들어 1,000원으로 복권 한 장을 사면 그중 420원은 사회를 위해 돈을 내는 것과 같아요.

당첨된 사람에게는 큰 행운과 이익을 가져다주는 '로또'를 굳이 '나눔로또', '동행복권'이라고 부르는 것도 로또를 판매한 돈의 일부가 어려운 이웃에게 사용되기 때문이에요.

물론 아무리 좋은 곳에 사용되는 복권이라고 해도 당첨 행운만 바라며 지나치게 많은 돈으로 복권을 사는 것은 바람직하지 않아요.

여러분도 복권을 살 수 있냐고요? 우리나라는 현재 청소년보호법에 의해 만 19세부터 복권을 살 수 있답니다.

 로또 1등에 당첨되는 것보다 벼락 맞을 확률이 더 높다고?

우리나라는 매주 토요일 저녁에 텔레비전으로 로또 당첨 번호를 즉석에서 뽑아 발표해요. 45개의 숫자 중에서 당첨 번호 6개와 일치하면 1등으로 당첨이 되는 거예요.

로또 1등 당첨 번호를 정확하게 예측하는 것은 불가능하지만 1등에 당첨될 확률은 수학으로 계산이 가능해요. 먼저 로또 한 장을 산 A씨가 1부터 45까지 숫자 중에서 첫 번째로 고른 숫자가 당첨 번호 6개 중에 한 가지일 확률은 $\frac{6}{45}$이에요. 두 번째 고른 숫자가 나머지 당첨 번호 5개 중에 한 가지일 확률은 $\frac{5}{44}$이고요. 이렇게 계산을 하면 A씨가 고른 6개의 숫자가 로또 1등에 당첨될 확률은 $\frac{6}{45} \times \frac{5}{44} \times \frac{4}{43} \times \frac{3}{42} \times \frac{2}{41} \times \frac{1}{40}$이라는 식이 나오게 돼요. 계산을 하면 답은 814만 5,060분의 1이에요.

흔히 로또 1등에 당첨될 확률보다 벼락에 맞아서 죽을 확률이 2배나 더 높다고 해요. 그만큼 로또 1등에 당첨되는 게 정말 어려운 일이라는 거겠죠?

여론, 언론

40. 바른 언론이 믿을 수 있는 여론을 만든다고?

'여론 조사 결과 우리나라 국민 중 80% 이상이
미세먼지로 일상에 불편을 느낀다고 합니다.'

'반려견 놀이터 설치 사업이
주민들의 반대 여론에 부딪혔습니다.'

이처럼 뉴스에서 '여론'이라는 말을 자주 들을 수 있어요.

'여론'이란 어떤 문제에 대해 사회 구성원이 가지고 있는 공통된 의견이나 생각을 말해요.

따라서 여론 조사란 국민이 주로 어떤 생각을 갖고 있는지 파악하는 일이지요.

 아하, 그렇구나!

선거에서 가장 많은 표를 얻는 사람이 대통령과 국회의원으로 뽑히는 것도 결국 국민의 의견, 즉 여론에 따른 결과라고 할 수 있어요. 민주주의를 다른 말로 '여론 정치'라고 부르는 것도 이런 이유 때문이에요.

한편 '언론'은 신문, 텔레비전 같은 수단을 통해 어떤 사실을 밝히고 알리는 일이에요. 언론의 가장 기본적인 활동은 정확한 사실과 정보를 사람들에게 전달하는 거예요. 정치, 사회, 국제, 스포츠, 연예 등 나라 안팎에서 일어나는 많은 일을 우리가 직접 겪지 않고도 알 수 있는 것은 바로 언론 보도 때문이지요. 지금은 인터넷의 발달로 언제 어디서나 언론이 전하는 소식과 정보를 쉽고 빠르게 얻을 수 있어요.

여론과 언론은 서로 영향을 주고받는 관계예요. 국민들은 언론을 통해 우리 사회 곳곳에서 일어나고 있는 일들에 대해 구체적으로 알 수 있어요. 그 일들에 대해 국민들은 각자 생각과 의견을 갖게 되고 그것이 모여 여론이 되기도 하지요. 이렇게 형성된 여론을 다시 세상에 알리는 것 또한 언론이 하는 일이에요.

흔히 언론을 '세상을 보여 주는 창'에 비유해요. 중요한 것은 세상을 보여 주는 창문이 투명해야 한다는 점이에요. 만약 창문이 반쯤 가려져 있거나 색깔이 칠해져 있을 경우 바깥 모습을 정확하게 볼 수 없을 테니까요.

이처럼 언론이 어떤 사실에 대해 알면서도 모르는 척하고 심지어 사실을 왜곡(사실과 달리 그릇되게 하거나 진실과 다르게 함)한다면 국민들은 세상을 제대로 바라볼 수 없게 되지요. 그런 상황에서는 건강한 여론도 만들어지지 못할 거예요. 최근 가짜 뉴스가 문제가 되는 것도 바로 이런 이유 때문이랍니다.

 우리나라 최초의 여론 조사는 세종이 실시했다고?

우리나라에서 최초로 여론 조사를 한 것은 조선의 네 번째 왕인 세종 때라고 해요. 세종은 새로운 세금 제도를 실시하기 전에 백성들이 이 제도를 어떻게 생각할지 궁금했어요. 그때는 지금처럼 교통과 통신이 발달하지 않았기 때문에 관리들이 각 마을을 방문해 백성들의 의견을 종이에 일일이 기록하는 방법으로 여론을 조사했지요.

이렇게 5개월 동안 이루어진 여론 조사 결과 새로운 제도에 대해 찬성이 약 57%로 나타났어요. 반이 넘는 백성들이 찬성한 거예요. 하지만 세종은 새로운 세금 제도를 그대로 실시하지 않았어요. 생각보다 반대 여론이 많았기 때문이에요.

이후 세종은 신하들과 학자들에게 여러 가지 세금 제도의 장단점을 더 연구하도록 했고 일부 지방에서 먼저 시험 삼아 제도를 실시해 보는 등 백성에게 도움이 될 수 있는 제도를 만들고자 노력했어요.

그렇게 10년이 훨씬 넘어서야 비로소 백성들의 부담을 덜어 주는 새로운 세금 제도를 마련했답니다.

국민청원

47. 국민이 물으면 정부가 답을 해 준다고?

'동물들을 위해 동물원을 바꿔 주세요.'
'아동학대 처벌을 강화해 주세요.'

여러분도 더 좋은 사회, 국민들이 더 행복한 나라를 위해 정부가 어떤 문제를 좀 해결해 주었으면 하고 생각해 본 적이 있나요?

막상 의견이 떠올라도 누구에게 어떤 방법으로 전달해야 하는지는 잘 모를 거예요. 그런데 인터넷 같은 정보 통신의 발달로 최근에는 국민이 직접 정치에 참여하는 방법이 늘고 있어요.

이를 '전자 민주주의'라고 부르기도 하지요.

 아하, 그렇구나!

　우리나라의 경우 정부와 국민이 직접 소통하는 대표적인 제도로 온라인 '국민청원 게시판'이 있어요. '청원'이란 '국민이 정부나 시청, 구청 등의 행정 기관에 어떤 행정 처리를 요구하는 일'이에요. '국민청원 게시판'은 정치개혁, 외교와 통일, 보건복지 등 각 분야에 대해 국민들이 직접 여러 가지 의견을 올릴 수 있게 마련된 온라인 공간이에요. 반려동물, 성평등, 안전, 환경 등 국민들이 생활하면서 느낀 문제점을 공개적으로 전달할 수도 있지요.

　국민청원 게시판에는 누구나 의견을 펼칠 수 있고 국민 다수가 동의한 경우 정부가 직접 공식적인 답변을 내놓기도 해요. 국민청원 내용이 실제로 관련된 법을 만드는 데 영향을 끼치기도 하지요.

　최근 음주 운전 교통사고 가해자에 대한 처벌을 더 강화하도록 법이 바뀐 것도 국민청원이 그 계기가 됐어요. 음주 운전자의 차에 치여 사망한 피해자의 친구가 국민청원 게시판에 구체적인 피해 사실과 음주 운전 가해자 처벌에 대한 의견을 올리자 많은 국민이 청원 내용에 동의했고 얼마 후 이와 관련된 법이 국회에서 통과된 거예요.

여러분도 국민청원 게시판에 의견을 올릴 수 있을까요? 당연히 가능해요. 어린이도 민주주의 사회를 구성하는 국민의 한 사람이기 때문이지요. 실제로 국민청원 게시판에는 '학교 폭력'이나 '교육 제도'에 대해 학생들이 직접 올린 의견들도 올라와 있어요.

물론 국민청원에 올라온 의견 모두가 국민 다수의 동의를 얻는 것은 아니에요. 청원과 상관없이 특정 대상에 대한 지나친 비난이나 거친 표현이 올라오기도 해요.

'국민이 물으면 정부가 답한다.'라는 목적에 맞게 국민청원 제도가 운영되기 위해서는 투명하고 적극적인 정부의 모습과 더불어 청원을 올리는 국민도 책임감을 가져야 해요.

정의롭고 공정한 우리 사회를 위해 꼭 필요하다고 생각하는 것이 있다면 여러분도 국민의 한 사람으로서 그리고 대한민국 어린이를 대표한다는 생각으로 국민청원 게시판에 의견을 올려 보세요.

 지금도 '신문고'가 있다고?

우리나라 정부, 즉 '청와대' 홈페이지에는 국민청원 게시판 외에 '국민신문고'라는 온라인 소통 공간이 있어요. 백성의 억울한 일을 해결해 주기 위해 조선 시대 때 설치한 '신문고'에서 그 이름을 따왔어요.

원래 신문고는 억울한 일을 겪은 사람이 직접 칠 수 있도록 궁궐 밖에 세워 둔 북이었어요. 북 소리가 울리면 왕이 직접 사연을 듣고 해결해 주려는 목적으로 설치한 거예요.

신문고는 조선의 세 번째 왕인 태종 때 처음 만들었다고 해요. 그 후 열 번째 왕이었던 연산군 때 신문고를 없애버렸고 200여 년이 지나 스물한 번째 왕인 영조 때 다시 생겨났어요. 없애버렸던 신문고를 다시 설치한 것은 백성들의 소리 하나에도 직접 귀를 기울이고자 했던 영조의 마음이 담긴 결정이었지요.

현재 국민청원이 주로 정부의 정책에 대한 국민 다수의 의견을 모으는 방법이라면 국민신문고는 개인이 행정기관의 정책이나 제도 때문에 불이익을 당했을 때 그 내용을 고발하거나 불만에 대해 의견, 즉 '민원'을 나타내는 곳이랍니다.

사형제도

42. 흉악범의 생명도 소중한 걸까?

드라마나 영화에서 끔찍한 범죄를 저지른 사람을 보면 정말 화가 나지요. 그러다 범인이 결국 법의 심판을 받고 무거운 죗값을 치르게 되면 마땅한 결과라고 생각하게 되고요.

안타깝지만 현실에서도 폭력과 살인 등 강력범죄가 자주 일어나고 있어요. 국가는 사회의 안전과 질서를 유지하기 위해 범죄를 저지른 사람에게 재판을 통해 '형벌'을 내리지요.

 **아하, 그렇구나!**

우리나라에서 가장 무거운 형벌은 바로 '사형'이에요. '사형'은 죄인의 목숨을 끊는 형벌로 잔인하고 끔찍한 범죄자에게 주로 내려지고 있어요.

'징역형'이 죄인을 감옥, 즉 교도소에 가두고 노동을 시키는 방법으로 신체적 자유를 빼앗는 거라면 사형은 죄인의 생명을 빼앗는 형벌이에요.

또한 기간을 정하지 않고 죄인을 평생 동안 교도소에 가두는 징역형을 '무기징역' 또는 '종신형'이라고 해요.

현재 우리나라는 모두 60명의 사형수(2020년 기준)가 교도소에 갇혀 있지만 사형수의 목숨을 실제로 빼앗는 사형 집행(법률, 명령, 재판 등의 내용을 실행하는 일)은 지난 1997년 이후 한 번도 이루어지지 않고 있어요. 따라서 사형제도는 법적으로 존재하지만 사실상 사형제도가 없는 것과 같아요. 이처럼 오랫동안 사형 집행을 하지 않으면서도 사형제도 자체를 완전히 없애지 못하는 이유는 사형제도를 찬성하는 사람이 여전히 많기 때문이에요.

사형제도를 찬성하는 사람은, 사형은 사회 질서를 무너뜨리고 해를 입힌 사람에게 내리는 마땅한 벌이라는 입장이에요. 연쇄 살인 같은 흉악한 범죄 때문에 억울하게 피해를 입은 사람과 남은 가족의 슬픔과 고통을 생각했을 때 사형은 우리 사회의 정의를 실현하는 방법이라는 주장이지요. 사형제도가 강력 범죄를 예방하는 효과가 있다는 의견도 있어요. 사형이라는 형벌의 두려움 때문에 잔인한 범죄가 줄어들 수 있다는 거예요.

반대로 무기징역이나 종신형 등 다른 형벌과 비교했을 때 사형제도가 특별히 범죄를 예방하는 효과가 없다는 의견도 있어요. 또한 수사나 재판 과정의 잘못으로 죄가 없는 사람이 범죄자로 오해받아 사형이 집행될 경우 돌이킬 수 없어요. 무엇보다 모든 사람의 생명은 어떤 경우라도 존중받아야 한다는 것이 사형제도를 반대하는 가장 큰 이유예요. 사형제도를 통해 범죄자의 생명을 강제로 빼앗는 것은 국가가 저지르는 또 다른 살인이라는 거예요. 흉악범에게 사형 대신 무기징역이나 종신형의 벌을 내리는 것으로도 우리 사회의 정의를 실현하는 충분한 방법이 될 수 있다는 입장이랍니다.

사형제도는 필요악일까?

우리나라 뿐 아니라 다른 나라에서도 사형제도와 사형 집행을 둘러싼 찬반 논쟁이 진행 중이에요.

미국과 중국, 일본은 여전히 사형 선고는 물론 사형 집행도 이루어지고 있는 나라예요. 반면 유럽연합(EU-the European Union)에 가입한 모든 나라는 사형 제도를 없앴어요.

물론 사형제도가 있느냐 없느냐를 가지고 그 나라의 인권 수준이나 사회 정의를 판단할 수는 없지요.

'없는 것이 바람직하지만 사회적인 상황에서 어쩔 수 없이 요구되는 악'을 가리켜 '필요악'이라고 해요. 사형제도는 과연 '필요악'에 해당할까요, 아니면 인권을 중요한 가치로 여기는 현대 사회에서 완전히 사라져야 할 나쁜 제도일까요?

안락사

43. 죽음도 선택할 수 있게 해 달라고?

'안락'이라는 말은 '편안하고 즐겁다'라는 뜻이에요. 따라서 안락사란 '편안하고 즐거운 상태로 맞이하는 죽음' 정도로 풀이할 수 있지요.

우리가 일반적으로 생각하는 죽음이란 매우 슬프고 안타까운 일인데 '편안하고 즐거운 죽음'이라니 왠지 앞뒤가 맞지 않는 말처럼 느껴지기도 해요.

우리나라는 현재 동물 안락사가 시행되고 있어요. 치유가 안 될 만큼 심한 병에 걸려 고통스러워하는 동물이나 유기 동물을 주로 안락사에 이르게 해요.

 **아하, 그렇구나!**

네덜란드, 벨기에, 스위스 같은 몇몇 나라에서는 사람에게도 안락사를 허용하고 있어요. 잠시도 견디기 힘들 만큼 심한 고통을 겪고 있지만 의학적으로 병이 치료될 가능성이 거의 없는 환자의 경우 본인 또는 가족의 요구에 따라 약물을 투여해 편안한 상태에서 죽음에 이르도록 하는 거예요.

같은 안락사라고 해도 정해진 법에 따라 의사가 직접 환자에게 약물을 투여하는 방법과 환자 스스로 약을 먹는 방법으로 구분되기도 하지요.

최근에는 포르투갈과 스페인 등 안락사를 법으로 허용하려는 나라들이 늘고 있어요. 안락사가 금지된 나라에 사는 사람이 일부러 안락사가 허용된 나라에 가서 안락사를 신청한 뒤 죽음을 맞이하는 경우도 있고요.

하지만 여전히 사람들 사이에서 안락사 허용을 두고 찬성과 반대 논쟁이 이어지고 있어요.

안락사 허용을 찬성하는 사람은 '삶의 질'과 죽음에 대한 '선택의 자유'를 중요하게 생각해요. 병이 나을 거라는 희망이 없는 상황에서 심한 통증이 오랫동안 지속될 경우 환자 스스로 생명의 가치나 삶의 소중함을 진정으로 느끼기 어렵다는 주장이에요. 사람은 누구나 스스로 자신의 삶과 품위 있는 죽음을 선택할 권리를 가지고 있다는 것도 안락사 허용을 요구하는 사람의 입장이지요.

반면 안락사를 허용할 경우 생명의 소중함이 무시당할 수 있다는 걱정의 목소리도 커요. 환자가 스스로 원해서가 아니라 병원비 또는 다른 가족이 느낄 부담 때문에 어쩔 수 없이 안락사를 선택할 수도 있다는 거예요. 자연스러운 죽음이 아니라 사람의 힘으로 생명을 끊는 안락사를 일종의 살인 행위라고 주장하기도 해요. 실제로 안락사가 법으로 금지된 나라에서 환자의 안락사를 도운 의사를 살인죄로 처벌한 경우도 있었지요.

안락사 허용을 찬성하는 사람이 말하는 '존엄하고 품위 있는 죽음'과 안락사 허용을 반대하는 사람이 말하는 '생명의 존엄성'은 결코 함께 이루어질 수 없는 일일까요?

 억지로 생명을 연장하지 않겠다고? / 존엄사

우리나라는 안락사가 법으로 금지되어 있지만 지난 2018년부터 '존엄사'를 인정하는 '연명의료결정법'이 시행되고 있어요.

'소극적인 안락사'라고도 불리는 '존엄사'는 회복이 불가능하고 사망 단계에 가깝게 이른 환자에게 심폐소생술, 인공호흡장치, 약물 투여 등 무의미하게 생명을 연장하는 치료를 중단하고 자연스러운 죽음에 이르도록 하는 행위를 말해요.

'나는 나중에 아파서 회복할 수 없는 상태에 빠졌을 때 연명의료(목숨을 겨우 이어 살도록 병원에서 실시하는 의료 행위)를 받지 않겠다.'라고 미리 밝히거나, 환자 스스로 또는 가족의 합의로 '더는 연명의료를 받지 않겠다.'라는 내용의 '연명의료계획서'를 작성하는 경우에 한해서 존엄사가 이루어지고 있답니다.

국제기구

44. 지구가 한마을이라고?

'지구촌'이라는 말이 있어요. 교통과 통신의 발달로 지구가 마치 한마을처럼 가까운 관계를 맺고 있다는 의미예요.

아무리 먼 나라도 비행기를 타면 하루 안에 도착할 수 있고 인터넷의 발달로 지금 이 순간 지구 반대편에 있는 나라에서 어떤 일이 일어나고 있는지도 바로 알 수 있지요.

이처럼 여러 나라가 서로 가깝게 느끼는 만큼 한 나라에서 정치나 경제적으로 큰 일이 생기면 단지 그 나라만의 문제로 끝나지 않고 주변에 있는 나라나 전 세계에 영향을 끼치기도 해요.

 아하, 그렇구나!

지구에는 200개가 넘는 나라가 있고 75억 명이 넘는 사람이 살고 있어요. 그만큼 곳곳에서 여러 가지 문제가 발생하고 있지요. 그런데 '코로나19'나 '지구 온난화'처럼 몇몇 나라의 노력만으로 해결할 수 없는 문제도 많아요. 이런 이유로 만들어진 것이 '국제기구'예요.

국제기구는 전염병이나 환경오염처럼 지구 전체가 겪고 있는 문제를 풀기 위해 서로 협력하거나 식량 부족, 자연 재해 등으로 어려움에 처한 나라를 돕는 역할도 해요. 전쟁이나 분쟁 같은 갈등이 일어났을 때 평화롭게 해결할 수 있는 방법을 찾기도 하지요.

지구촌에서 일어나는 문제가 다양한 만큼 국제기구의 종류도 여러 가지예요. 대표적인 국제기구는 두 번의 세계 전쟁을 치른 후 국제 평화와 안전을 위해 만들어진 '유엔(UN-United Nations)', 즉 '국제연합'이에요. 유엔은 다양한 국제기구 중에서 가장 규모가 크지요.

'유니세프(UNICEF-United Nations Children's Fund)'는 세계 어린이들을 위한 국제기구예요. 유니세프는 주로 가난과 전쟁, 질병, 아동 노동 등으로 위험에 처해 있는 어린이들을 돕는 활동을 해요. 우리나라도 과거에는 유니세프의 도움을 받는 나라였어요. 6.25 전쟁을 겪으면서 고통받는 아이들이 많았거든요. 하지만 지금은 우리나라의 경제나 문화 수준이 높아진 만큼 도움을 필요로 하는 전 세계 어린이들에게 도움을 주고 있답니다.

 또 어떤 국제기구가 있을까?

유럽을 하나의 국가처럼 묶은 '유럽연합(EU)', 나라 간에 거래되는 돈과 경제 문제를 관리하기 위해 만든 '국제통화기금(IMF-International Monetary Fund)', 교육·과학·문화 분야의 협력과 인류의 발전을 목적으로 만든 '유네스코(UNESCO-United Nations Educational, Scientific and Cultural Organization)'도 많은 활동을 하는 국제기구예요. '국경없는의사회(MSF-Medecins Sans Frontiers)'처럼 전 세계 의사, 간호사, 자원봉사자 등 일반인들이 뜻을 모아 만들고 활동하는 국제기구도 있어요.

이처럼 지금 이 순간에도 지구촌의 평화와 행복을 위해 많은 국제기구가 움직이고 있답니다.

한글

45. 한글 중에 네 글자가 사라졌다고?

'우리나라 말은 중국과 달라서
한자와 서로 통하지 않는다.

이런 까닭으로 말하고 싶은 것이 있어도
자기 뜻을 쉽게 펼 수 없는 사람이 많다.

내가 이것을 딱하게 여겨
새로 스물여덟 글자를 만들어
사람들이 쉽게 익혀 나날이 쓰기 편하게 하고자 한다.'

아하, 그렇구나!

조선의 네 번째 왕이었던 세종이 1446년, '백성을 가르치는 바른 소리'라는 뜻을 가진 우리 글자 '훈민정음'을 만들면서 남긴 글이에요. 여기서 새로 만든 '스물여덟 글자'란 자음 17자와 모음 11자를 가리켜요. '훈민정음'은 나중에 '큰 글자, 하나밖에 없는 글자'라는 뜻을 가진 '한글'로 이름이 바뀌었어요.

지금 우리가 사용하는 한글은 자음 14자(ㄱ,ㄴ,ㄷ,ㄹ,ㅁ,ㅂ,ㅅ,ㅇ,ㅈ,ㅊ,ㅋ,ㅌ,ㅍ,ㅎ)와 모음 10자(ㅏ,ㅑ,ㅓ,ㅕ,ㅗ,ㅛ,ㅜ,ㅠ,ㅡ,ㅣ), 즉 24자가 기본이에요. 그렇다면 세종이 만든 훈민정음 28자 중에서 4글자는 어디로 간 것일까요?

훈민정음에는 있었지만 지금은 사라진 4개의 글자는 자음 '반치음(ㅿ), 옛이응(ㆁ), 여린히읗(ㆆ)'과 모음 '아래아(·)'예요. 그중 '반치음(ㅿ)'은 '시옷(ㅅ)'과 '지읒(ㅈ)'의 중간 소리를 나타내는 글자로 영어 'z' 발음과 비슷했을 거라고 해요. '옛이응(ㆁ)'은 우리가 지금 사용하는 '이응(ㅇ)'이 그 역할을 대신하고 있어요. 여린히읗(ㆆ)'은 이응(ㅇ)보다는 된 소리, 히읗(ㅎ)보다는 여린 소리로 모음으로 시작하는 한자음에 주로 사용되었다고 해요. 모음에 해당하는 '아래아 (·)'는 가장 늦게

까지 사용하다가 사라진 글자예요. 1933년 조선어학회가 '한글맞춤법 통일안'을 만들면서 4글자를 제외한 거랍니다.

 세종은 자음과 모음 모양을 어떻게 만들었을까?

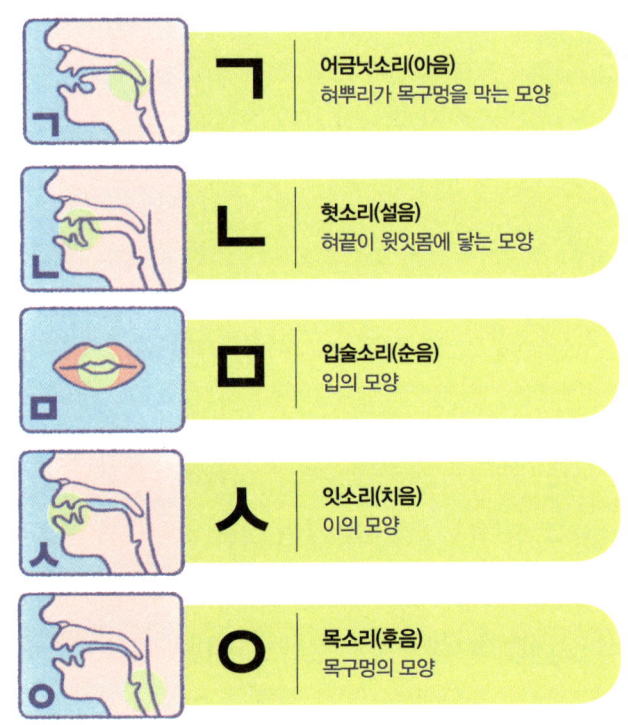

ㄱ — 어금닛소리(아음) 혀뿌리가 목구멍을 막는 모양

ㄴ — 혓소리(설음) 혀끝이 윗잇몸에 닿는 모양

ㅁ — 입술소리(순음) 입의 모양

ㅅ — 잇소리(치음) 이의 모양

ㅇ — 목소리(후음) 목구멍의 모양

기본글자	·	―	∣
형상			
의미	하늘	땅	사람

　자음 중에 가장 기본이 되는 글자는 'ㄱ, ㄴ, ㅁ, ㅅ, ㅇ'이에요. 세종은 자음을 발음할 때 '혀'가 '잇몸'이나 '입천장' 등에 닿는 모양이나 입술과 목구멍의 움직임을 본떠 글자 모양을 만들었어요. 그리고 나머지 자음은 기본 자음에 한 획을 더해서 만든 거예요. 예를 들어 'ㄴ'은 발음할 때 혀끝이 윗잇몸에 닿는 모양을 흉내 내서 만든 글자이고 거기에 한 획을 더하면 'ㄷ'이 되지요. 'ㅁ'은 두 입술이 닿았다 떨어질 때의 입 모양을 흉내 내서 만든 글자이고 거기에 획을 더해 'ㅂ'을 만들었어요.

　한편 모음은 '하늘'과 '땅'과 '사람'의 모습을 흉내 낸 글자를 기본으로 해요. 'ㆍ'는 '하늘', 'ㅡ'는 '땅', 'ㅣ'는 '사람'을 나타낸 글자예요. 나머지 모음은 기본 모음을 합해서 만들었어요. 예를 들어 'ㅣ'와 'ㆍ'를 합하면 'ㅏ'가 되고 'ㆍ'와 'ㅡ'를 합하면 'ㅗ'가 되지요. 이처럼 한글은 무척 체계적이고 과학적인 글자랍니다.

재미있는 말놀이? 한글 파괴?

'오늘 날씨 ㅇㅈ? ㅇ ㅇㅈ', 'Aㅏ', '커여운 댕댕이' …

여러분도 혹시 이런 말을 사용하거나 들어본 적이 있나요? 요즘 젊은 사람들 사이에서 채팅이나 문자를 주고받을 때 이런 말들을 자연스럽게 쓴다고 해요. 'ㅇㅈ? ㅇ ㅇㅈ'은 '인정? 어, 인정'이라는 말을 자음으로만 표현한 거예요. 알파벳 'A'와 한글 모음 'ㅏ'를 합해서 쓴 'Aㅏ'는 안타까움을 강조하는 표현으로 우리말 '아…'와 비슷한 발음이라고 해요. '커여운'과 '댕댕이'는 각각 '귀여운'과 '멍멍이'의 다른 표현으로 '커'와 '귀', '댕'과 '멍'이 비슷한 모양처럼 보인다는 이유로 바꿔서 쓰는 거예요. 이런 말을 두고 기발하고 재미있는 놀이처럼 느끼기도 해요. '쓱'이라는 말을 'ㅆㅆㄱ', '괜찮네'라는 말을 'ㄱㅊㄴ' 등으로 바꿔 광고를 만든 회사도 있고요.

한편 이런 말들은 자연스러운 의사소통을 방해하고 소중한 우리 한글을 파괴하는 거라면서 곱지 않은 눈으로 바라보기도 하지요.

여러분은 어떻게 생각하나요?

고유어, 한자어, 외래어

46. '빵'이 외국에서 온 말이라고?

여러분은 어휘력을 얼마나 갖추고 있나요?

요즘 서점에 가면 어휘력을 키워준다는 책들을 자주 볼 수 있어요. '어휘'란 일정한 범위 안에서 쓰이는 낱낱의 말로 '단어' 또는 '낱말'이라고도 해요. 따라서 '어휘력'이란 낱말을 풍부하게 다루고 쓰는 능력이에요.

붉은색을 나타내는 어휘는 '빨갛다', '발갛다', '새빨갛다', '발그레하다', '발그스름하다', '불그스름하다', '불그죽죽하다' 등 여러 가지가 있어요.

다양한 어휘를 알고 있으면 자신의 생각이나 느낌을 더 정확하고 풍부하게 표현할 수 있지요.

아하, 그렇구나!

우리말 어휘는 그 낱말이 어떻게 생겨났는지에 따라 '고유어', '한자어', '외래어'로 나누어져요.

'고유어'는 '순우리말', '토박이말'이라고도 하는데 처음부터 우리나라에서 생겨난 말이에요. '바다, 구름, 하늘, 봄' 등이 고유어에 속한 낱말이에요. 고유어 중에는 한자어에 밀려나 지금은 잘 사용하지 않는 것들도 있어요. '누리'라는 고유어는 한자어 '세상(世上)'에, '미르'라는 고유어는 한자어 '용(龍)'에 밀려난 경우예요.

'한자어'는 중국의 문자인 한자를 밑바탕으로 만들어졌어요. 숫자를 나타내는 '일(一), 이(二), 삼(三), 사(四)' 같은 말이나 '학교(學校), 친구(親舊), 부모(父母)' 등도 모두 한자어예요. 국어사전에 실린 어휘 중에는 순우리말인 고유어보다 한자어가 훨씬 많아요. 우리나라는 아주 오래전부터 이웃 나라였던 중국과 가깝게 지내면서 정치, 경제, 학문, 예술 등의 영향을 많이 받았기 때문이에요. 한자어는 고유어보다 더 자세한 뜻을 전달하기도 해요. 예를 들어 '고치다'라는 고유어는 한자어로 '수선(修繕)하다', '수리(修理)하다', '치료(治療)하다', '교정(校訂)하다', '개정(改定)하다' 등 더 자세한 뜻으로 나눌 수 있어요. 따라서 더 전문

적이거나 정확한 의미를 전달하기 위해서는 한자어를 쓰기도 해요.

'외래어'는 다른 나라 말이 우리말로 굳어진 것을 말해요. '버스, 택시, 컴퓨터, 인터넷' 등이 외래어에 속한 낱말이에요. 외국에서 들어온 말이지만 바꿔서 사용할 우리말이 없는 경우 외래어가 돼요. '빵'도 알고 보면 고유어가 아니라 포르투갈 말인 '빠오(páo)'에서 비롯된 외래어예요. 우리나라에 처음 빵이라는 음식이 들어왔을 때 따로 바꿔 쓸 고유어가 없었기 때문에 'páo'의 발음이 변해 지금의 '빵'이라는 말이 된 거예요. '비닐(vinyl), 시소(seesaw)' 등도 같은 이유로 우리말이 된 외래어지요. 요즘은 '인터넷 → 누리망, 홈페이지 → 누리집, 이모티콘 → 그림말'처럼 외래어를 순우리말로 바꾸려는 노력도 생겨나고 있어요.

한편 '외국어'는 말 그대로 외국에서 쓰는 말이니까 우리말에는 해당하지 않아요. '플라워(flower), 패밀리(family)'의 경우 '꽃, 가족'이라는 우리말이 있기 때문에 굳이 우리나라에서 사용하지 않아도 되는 외국어예요.

여러분도 이번 기회에 사전에서 '도담도담, 시나브로, 미쁘다'처럼 예쁜 순우리말의 뜻을 찾아보고 적절하게 사용해 보면 어떨까요?

'2틀'이 아니라 '이틀'! '4흘'이 아니라 '사흘'!

한동안 우리말 '사흘'이 사람들 사이에 큰 화제가 된 적이 있어요. 인터넷에서 '광복절부터 사흘 연휴'라는 뉴스를 본 젊은 사람 중 일부가 왜 연휴가 '삼일'인데 '사흘'이라고 하는지 묻는 댓글에서 시작된 일이었지요.

'사흘'은 '3일'을 뜻하는 순우리말이에요. 따라서 '사흘'은 '3일'과 같은 뜻이지요. 댓글을 단 사람은 '사흘'의 '사'를 숫자 '4(사)'로 착각해 '사흘'을 '4일'과 같은 말로 잘못 알고 있었던 거예요. 게다가 "영화 ***, 개봉 4흘 만에…", "2틀 동안 연속으로…"처럼 '사흘'을 '4흘'로 '이틀'을 '2틀'로 잘못 쓰는 젊은 사람이 많다는 것이 알려지면서 논란이 이어지기도 했어요.

'이틀'과 '사흘'은 날짜를 나타내는 순우리말이므로 숫자 '2'나 '4'와 관련이 없어요. 여러분도 1일부터 10일까지를 나타내는 순우리말을 정확하게 알아 두면 어떨까요? 바로 '하루, 이틀, 사흘, 나흘, 닷새, 엿새, 이레, 여드레, 아흐레, 열흘'이랍니다.

동음이의어

47. 배를 타고 배를 먹었더니 갑자기 배가 아프다고?

"다리가 정말 길구나."

이 문장에서 '다리'는 무엇을 가리키는 낱말일까요?

사람이나 동물의 몸통 아랫부분을 말하는 걸까요, 아니면 물을 건너거나 한쪽에서 다른 쪽으로 건너가도록 만든 시설을 말하는 걸까요?

"말이 많기로 소문이 났어."라는 문장에서 '말'은 동물일까요, 사람이 입으로 내는 소리일까요?

아하, 그렇구나!

 이렇게 글자 모양과 소리는 같지만 뜻이 다른 낱말을 '동음이의어'라고 해요. 한자로 '같을 동(同), 소리 음(音), 다를 이(異), 뜻 의(義), 말씀 어(語)'라고 풀이할 수 있어요. 우리말 중에는 동음이의어가 많아요. 예를 들어 '배'라는 낱말은 '과일', '몸의 일부', '물에 뜨는 수단', '어떤 수나 양의 곱절' 등 각각 다른 뜻을 가진 동음이의어예요.

 동음이의어를 알아야 하는 이유는 앞에서 예로 든 것처럼 '다리'와 '말'을 어떤 낱말로 사용했는지에 따라 문장의 의미가 완전히 달라지기 때문이에요. 낱말과 문장의 뜻을 제대로 파악하지 못하면 어떤 사실에 대해서도 잘못 알게 돼요. 독립운동가 '안중근 의사'의 직업을 병을 치료하는 의사 선생님으로 착각하는 경우처럼 말이에요. '의사'라는 낱말은 '일정한 자격을 가지고 병을 고치는 사람'과 '정의롭게 나라와 민족을 위하여 제 몸을 바쳐 행동하려는 사람'이라는 뜻을 가진 동음이의어예요. 안중근 의사의 '의사'는 두 번째 뜻으로 사용된 낱말이지요.

 물론 동음이의어라고 해도 대화를 주고받는 상황이나 글 속의 흐름을 보면 그 낱말이 무엇을 뜻하는지 파악할 수 있어요. 눈이 많이 쌓인 풍경을 보고 '와, 저 눈 좀 봐. 정말 예쁘다.'라는 말을 한 경우라면 특별한 설명이 없더라도 누구나 '눈'을 '얼굴에 있는 기관'이 아니라 '추운 날 하늘에서 내리는 하얀 결정체'로 이해하는 것처럼 말이에요.

여러분도 다음 문장에 사용된 동음이의어가 각각 어떤 뜻을 가졌는지 파악해 보세요.

"배를 타고 가던 중 배를 먹었더니 배가 아파서 고생했어."

 '다의어'는 뭐지?

'다의어'란 한 낱말이 여러 가지 의미를 가지고 있는 것을 말해요. 한자를 풀이하면 '많을 다(多), 뜻 의(義), 말씀 어(語)'예요. 다의어는 원래 낱말이 가지고 있는 중심 의미가 여러 가지 의미로 갈라진 거예요. 예를 들어 '머리에 상처가 났다.', '미용실에서 머리를 잘랐다.', '우리 형은 머리가 좋다.' 등의 문장에 나온 '머리'는 다의어예요. '머리에 상처가 났다.'에 사용된 '머리'는 '목 윗부분의 신체'라는 중심 의미예요. '미용실에서 머리를 잘랐다.'의 머리는 '머리카락', '우리 형은 머리가 좋다.'의 머리는 '생각하고 판단하는 능력'이라는 주변 의미를 가지고 있어요.

　동음이의어가 소리만 같을 뿐 전혀 다른 뜻을 가진 각각의 낱말이라면 다의어는 한 낱말이 여러 가지 뜻을 가지고 있어요. 예를 들어 '눈에 눈이 들어갔다.'는 동음이의어가 사용된 문장이고, '눈을 다쳐서 눈이 나빠졌다.'는 다의어가 사용된 문장이에요. 이때 '눈을 다쳐서'의 '눈'은 '얼굴에 있는 기관'이라는 중심 의미이고 '눈이 나빠졌다'의 '눈'은 '시력'이라는 주변 의미를 가지고 있답니다.

48. 아버지가방에들어가신다고?

'민지는용돈이만원있다.'

이것은 어떤 의미의 문장일까요?

'민지가 가지고 있는 용돈이 만 원이다.'라는 뜻일까요, 아니면 '민지가 용돈 이만 원을 가지고 있다.'라는 뜻일까요?

이렇게 같은 문장이라도 띄어쓰기를 어떻게 하는지에 따라 뜻이 달라질 수 있어요.

'민지는∨용돈이∨만∨원∨있다.'와
'민지는∨용돈∨이만∨원∨있다.'처럼 말이에요.

아하, 그렇구나!

우리말은 단어와 단어를 띄어 쓴다는 기본 원칙을 바탕으로 한글 맞춤법에 따라 여러 가지 띄어쓰기 방법이 정해져 있어요. '~이/가, ~은/는, ~을/를, ~의/에' 같은 말을 '조사'라고 하는데 조사의 경우 앞말에 붙여 써야 해요.

'아버지가방에들어가신다.'는 띄어쓰기의 필요성을 설명할 때 자주 등장하는 문장이에요. 이 경우 '아버지, 방, 들어가신다'는 각각 다른 단어이므로 띄어 쓰고 '~가, ~에'는 조사이므로 앞말에 붙여 쓰는 거예요. 따라서 '아버지가∨방에∨들어가신다.'라고 띄어쓰기를 하는 것이 옳아요.

짧은 표현 중에도 '큰∨집'과 '큰집'처럼 단어와 단어를 띄어 쓸 때와 붙여 쓸 때 그 뜻이 달라지는 경우도 많아요. '큰∨집'이 집의 크기가 보통을 넘는 집을 뜻한다면 '큰집'은 집의 크기와 상관없이 '집안의 맏이가 사는 집'을 뜻하는 한 낱말이에요. '반∨대표'와 '반대표'도 마찬가지예요. 띄어쓰기를 한 '반∨대표'는 '반을 대표하는 사람'이라는 뜻이지만 띄어쓰기를 하지 않은 '반대표'는 '투표에서 반대하는 뜻을 나타낸 표'라는 뜻이지요. 이처럼 띄어쓰기가 필요한 이유는 분명한 뜻을 주고받기 위해서예요. 또한 띄어쓰기가 되어 있는 문장은 그렇지 않은 문장보다 훨씬 쉽고 빠르게 의미가 파악되지요.

한 설문 결과에 따르면 우리나라 사람이 가장 어려워하는 한글 맞춤법이 띄어쓰기라고 해요. 어른 10명 중 6명이 띄어쓰기와 맞춤법이 어렵다고 대답했거든요. 편안하고 행복한 사회를 만들기 위해 법을 지켜야 하는 것처럼 띄어쓰기와 맞춤법도 잘 지켜야 서로 오해하는 일 없이 건강하고 바른 언어생활을 할 수 있겠죠?

 한글 띄어쓰기를 처음 사용한 사람은 외국인이라고?

일본어나 중국어는 띄어쓰기가 없어요. 단지 문장이 끝나는 것만 구분하는 정도예요. 영어는 단어마다 무조건 띄어서 쓰기 때문에 따로 띄어쓰기를 배울 필요가 없고요.

우리나라도 처음에는 띄어쓰기를 하지 않았어요. 하지만 한글은 띄어 쓸 때와 그렇지 않을 때 말의 의미가 완전히 달라지는 경우가 많아서 띄어쓰기는 꼭 필요한 규칙이었죠. 그렇다면 누가, 언제 한글 띄어쓰기를 처음으로 사용했을까요?

기록에 따르면 한글 띄어쓰기를 처음 사용한 사람은 일제강점기 때 우리나라에서 활동한 미국인 헐버트 박사예요. 헐버트 박사는 우리나라의 독립 운동에도 큰 도움을 주는 등 누구보다 한국과 한글을 사랑한 외국인이었어요.

그는 한국어를 배우면서 한글의 우수함을 깨닫고 한글 학자였던 주시경과 함께 한글을 연구했어요. 그 후 최초의 한글 신문인 〈독립신문〉이 만들어질 때 처음으로 띄어쓰기를 사용하자고 제안했지요.

이후 1933년, 조선어학회가 '한글맞춤법통일안'을 정하면서 한글 띄어쓰기 규정을 공식적으로 넣게 되었답니다.

북한말

49. 냉면? 랭면? 리민호? 이민호?

"딱친구랑 가락지빵을 먹으니 슬픔증이 사라진 것 같아."

분명히 우리말로 된 문장인데도 정확한 뜻을 파악하기 힘든 이유는 낱말이 낯설기 때문이에요. '딱친구, 가락지빵, 슬픔증'은 모두 북한에서 주로 사용하는 말이거든요.

우리나라와 북한은 같은 민족이기 때문에 사용하는 말과 글 역시 '한국어'와 '한글'로 같아요.

하지만 남과 북으로 갈라진 채 70년 넘게 살아오는 동안 여러 가지 차이가 생기면서 사용하는 언어도 달라졌어요.

 아하, 그렇구나!

　우리가 뉴스에서 북한 소식을 접할 때 느끼는 언어 차이 중 하나가 '두음법칙'이에요. '두음법칙'이란 'ㄴ'이나 'ㄹ'로 시작하는 한자음이 낱말의 첫소리가 될 때 'ㄴ'은 'ㅇ'으로, 'ㄹ'은 'ㄴ' 또는 'ㅇ'으로 바뀌는 것을 말해요. 예를 들어 우리는 '여자 녀(女)' 자로 시작하는 낱말인 '녀자'는 '여자'로, '일할 로(勞)' 자로 시작하는 '로동'은 '노동'으로 바꿔서 발음하고 글자도 바뀐 소리로 쓰지요. 반면 북한에서는 두음법칙을 사용하지 않아요. 따라서 '녀자', '로동'이라고 글자를 쓰고 그대로 발음해요. 사람의 성씨 중 하나인 '리(李)'도 마찬가지예요. 우리는 두음법칙에 따라 '이민호'라고 하지만 북한에서는 '리민호'라고 해요. 북한에서는 '차가울 랭(冷)' 자를 그대로 사용해 '랭면'이라고 하지만 우리는 '냉면'이라고 하는 이유도 두음법칙 때문이지요.

　우리말과 북한말의 또 다른 차이는 사용하는 낱말이 다르다는 거예요. 특히 북한은 한자로 된 낱말이나 외국에서 들어온 외래어를 순우리말로 다듬고 풀어서 사용하기도 해요. '가로수'를 '거리나무', '간식'을 '사이밥', '출입문'을 '나들문'이라고 하는 것처럼 한자어를 순우리말로 바꾸었지요. '노크', '다이어트', '도넛' 같은 외래어도 순우리말로 각각 '손기척', '살까기', '가락지빵'이라고 해요.

앞에서 본 "딱친구랑 가락지빵을 먹으니 슬픔증이 사라진 것 같아."라는 문장을 우리가 사용하는 말로 바꿔 볼까요?

"단짝친구랑 도넛을 먹으니 우울증이 사라진 것 같아."가 되겠네요.

남북한 어린이가 함께 사용하는 국어사전?

우리나라와 북한은 생활 방식에 차이가 있는 만큼 사용하는 낱말이 아예 다른 경우도 많아요. 우리나라 어린이들한테 '학원', '피시방', '유튜브', '아이돌'은 일상에서 자주 말하거나 듣는 낱말이지만 북한 어린이들은 무척 낯설게 느낄 거예요.

이런 남북한의 언어 차이를 극복하기 위해 여러 가지 노력도 진행 중이에요. 남북한 언어학자들이 함께 머리를 맞대고 연구한 〈겨레말큰사전〉 편찬이 대표적이지요.

〈겨레말큰사전〉은 남북이 같이 만들고 함께 보는 최초의 우리말 사전이라는 점에서 매우 중요한 가치가 있답니다.

점자

50. 손가락으로 글자를 읽는다고?

여러분은 평소 엘리베이터를 얼마나 이용하나요?

엘리베이터의 각 층이나 열림, 닫힘을 나타내는 버튼을 자세히 들여다보면 작은 점들이 몇 개씩 튀어나와 있어요.

그 점들은 시각장애인이 손끝으로 읽는 글자예요.

점으로 되어 있는 글자라는 뜻으로 '점자'라고 부르지요.

아하, 그렇구나!

점자는 가로로 2개의 점과 세로로 3개의 점, 즉 6개의 점이 하나의 단위를 이루고 있어요. 6개의 점 중에서 어떤 점이 튀어나오는지에 따라 약속된 기호가 정해져 있지요. 예를 들어 한글 'ㅊ'과 'ㅐ', 그리고 받침인 'ㄱ'을 나타내는 점자의 모양은 각각 ⠰⠈ ⠜ ⠁ 예요. 이 점자를 차례대로 읽으면서 '책'이라는 낱말을 파악하는 거예요. 이렇게 6개의 점을 이용하면 글자는 물론 숫자와 문장 기호도 나타낼 수 있어 '점자책'도 만들 수 있지요. 시각장애인은 종이 위에 볼록하게 나온 점자들을 손끝으로 스쳐 가면서 점자책을 읽어요.

엘리베이터 버튼 뿐 아니라 지하철을 타기 위해 오르내리는 계단 손잡이나 안내판에도 점자 표시가 되어 있어요. 그런데 시각장애인이 점자를 읽을 때 불편한 경우가 있다고 해요. 캔 음료의 경우 대부분 윗면에 '맥주', '음료', '탄산' 중 한 가지만 점자로 표시되어 있어요. 커피도 점자로는 '음료'라고만 되어 있다는 뜻이지요. 의약품에는 점자 표시가 아예 안 된 것이 더 많고요.

최근에는 '코로나19'가 퍼지는 것을 막기 위해 아파트나 건물 엘리베이터 버튼에 항균 필름을 붙여 놓은 곳이 많아요. 이 때문에 시각장애인들이 필름 안쪽에 있는 점자를 읽지 못해 불편을 겪고 있다는 뉴스도 있었지요.

반면 시각장애인을 위해 편리하게 붙일 수 있는 다양한 점자 스티커가 만들어지고 있다는 반가운 소식도 있어요. 과학 기술이 발전하는 만큼 점자 스마트 워치, 점자 스마트 패드처럼 시각장애인을 위한 새로운 기기가 개발되기도 하고요.

우리나라의 시각장애인은 약 25만 명이라고 해요. 장애를 갖고 태어나기도 하지만 사고나 질병으로 나중에 시각을 잃게 되는 경우도 있어요. 시각장애인들이 생활할 때 불편함과 차별이 없도록 더 많은 곳에 점자가 표시되면 어떨까요?

점자로 나타낸 숫자

수표	1	2	3	4	5	6	7	8	9	0

 맹인을 위한 글자, 훈맹정음!

 우리나라 시각장애인들이 점자를 사용한 것은 일제강점기부터였어요. 처음에는 일본 점자나 미국 뉴욕에서 사용하던 점자를 들여와 사용했지요. 하지만 일본 점자와 4점으로 된 뉴욕식 점자는 우리나라 시각장애인 학생들이 사용하기에 불편했어요.

 그래서 당시 시각장애인 학생들을 가르치던 박두성 선생님은 시각장애인들과 함께 '조선어 점자 연구 위원회'를 만들어 직접 한글 점자를 연구하기 시작했어요. 그리고 1926년 11월 4일, 6개의 점을 이용한 한글 점자 '훈맹정음'을 발표했어요. 조선의 네 번째 왕이었던 세종이 백성을 위해 우리 글자인 '훈민정음'을 만든 것처럼 박두성 선생님은 앞을 보지 못하는 맹인들을 위한 글자를 만든 것이었지요. 사람들은 박두성 선생님을 '맹인의 세종대왕'이라고 부르기도 했대요.

 지금은 박두성 선생님이 훈맹정음을 발표한 '11월 4일'을 '점자의 날'로 정해 기념하고 있고, 지난 2020년에는 훈맹정음이 국가 문화재로 등록되기도 했답니다.